지혜 여정

사도행전

사도행전

지혜 여정

사도행전

글쓴이 **한재호**

추천의 말

성경은 하느님의 말씀입니다. 성경은 하느님의 계시에 대한 진리를 전달합니다. 특히 신약 성경의 중심 주제는 "강생하신 하느님의 아들 예수 그리스도와 그분의 활동, 가르침, 수난과 영광받으심, 그리고 성령의 활동을 통한 그리스도 교회의 탄생"(『가톨릭 교회 교리서』 124항)입니다. 참으로 놀랍고도 위대한 사랑이 고스란히 담긴 성경, 즉 하느님 말씀은 읽는 우리에게 감동을 주고 변화에 이르게 합니다.

이렇게 소중한 말씀을 읽고 되새기며 생활화할 수 있도록 생활성서사에서는 오래전부터 성경 교재 '여정' 시리즈를 다양하게 제공해 왔습니다. 국내외 신자들이 말씀에 관심을 갖고 성경 공부 모임에 적극적으로 참여할 수 있게 된 것도 이런 노력과 수고 덕분이라 생각하기에 감사와 치하의 말씀을 전하고 싶습니다.

이번에 생활성서사에서 펴내는 『**지혜 여정 사도행전**』은 예수님을 따라 살면서 거룩하고 보편된 교회와 모든 성인의 통공을 믿는 우리에게 또 하나의

등불이 되어 줄 수 있으리라 기대합니다. 사도행전과 함께하는 이 여정이 예수님에게서 비롯된 사도적 전통을 찾고 만나는 의미 있는 시간이 되었으면 좋겠습니다. 사도행전을 통해, 예수님께서 오늘날의 우리는 물론 세상 끝 날까지 이어질 우리 신앙의 후손들을 위해, 부활의 증인으로 파견하신 사도들과 관련된 수많은 이야기들이, 이 여정에서 우리를 그분께로 이끌어 줄 것입니다.

하느님께서는 늘 우리와 함께 계십니다. 우리는 그런 하느님을 기도나 성사를 통해서도 만날 수 있지만, 거룩한 말씀을 통해서도 깊이 있게 만날 수 있습니다. 일상 안에서 꾸준히 성경을 읽음으로써 하느님 나라를 '지금 여기'에서부터 살게 되는 참행복을 누리실 수 있기를 바랍니다.

천주교 대전교구 교구장 서리 김종수 주교

출간에 즈음하여

생활성서사에서는 모든 이들이 하느님의 말씀을 쉽게 접할 수 있도록 다양한 성경 공부 교재를 출간해 왔습니다. 본격적인 성경 공부를 위한『여정』시리즈를 비롯하여 성경을 처음 대하는 이들을 위한『여정 첫걸음』시리즈 그리고 어르신을 위한『은빛 여정』시리즈 등입니다. 또한 컬러링 말씀 교재『성화 기도 여정』과 청장년층을 위한『늘 푸른 성경 여정』시리즈도 많은 사랑을 받고 있습니다. 이러한 교재들을 토대로 하여 전국의 '여정 성서 사도직' 수도자들과 봉사자들은 신자들이 풍요로운 말씀의 세계에 한층 더 가까이 다가갈 수 있도록 많은 노력을 기울이고 있습니다.

그동안 다양한 성경 공부 모임을 통해 신앙의 참된 의미를 발견하게 되었다는 분들의 진솔한 고백을 들으며 저희는 큰 기쁨과 보람을 맛볼 수 있었습니다. 더불어 그분들의 말씀에 대한 사랑과 열정은 저희에게 가슴 벅찬 응원이자 새로운 교육 프로그램을 개발하고 필요한 교재를 펴내게 하는 자극이 되어 주었습니다.

또 하나의 새로운 교재 『지혜 여정』 시리즈 역시 그와 같은 말씀 사랑에 힘입은 결실이라고 할 수 있습니다. 먼저 선보인 구약 편을 통해서는 하느님께서 어떻게 당신 백성인 이스라엘을 이끄셨는지, 그 장구한 발자취에 면면히 남아 있는 하느님의 섭리를 깨달을 수 있었습니다. 『지혜 여정 마르코 복음서』를 시작으로 선보이는 신약 편은 예수 그리스도를 통해 우리의 삶에서 언제나 함께하시는 하느님의 현존을 느끼게 해 주는 신앙의 이정표가 되어 줄 것입니다.

『지혜 여정』 각 권을 정성스레 집필해 주신 필자 신부님과 수녀님, 그 외 『여정』과 함께하며 소중한 경험을 나누어 주시는 성직자, 수도자, 봉사자들께 진심으로 감사의 인사를 전합니다.

생활성서사

차례

사도행전 입문

들어가기에 앞서

사도행전은 어떤 책인가요?

사도행전은 루카 복음서의 후속편입니다. 루카 복음서가 예수님의 복음 선포 활동을 보여 주었다면, 사도행전은 예수님의 승천 이후 초대 교회의 복음 선포 활동을 보여 줍니다. 그런데 초대 교회의 복음 선포 활동의 중심

산들은 평화를 언덕들은 정의를(부분), © 한복희, 2019년, 대한민국.

에는 열두 사도가 있었기에 교회는 전통적으로 이 작품을 '사도행전'이라고 불렀습니다.

그러나 사도행전의 실질적인 내용을 보면 열두 사도의 활동만을 다루지 않음을 알 수 있습니다. 오히려 베드로와 바오로의 복음 선포 활동에 초점을 맞추면서 초대 교회의 탄생과 성장 과정 등을 엿볼 수 있도록 이끌어 줍니다.

사도행전의 저자

사도행전의 저자는 루카 복음서의 저자와 같습니다. 마치 열왕기나 역대기가 상권, 하권으로 구성되어 있는 것처럼 루카 복음서와 사도행전은 하나의 짝을 이루며 신약 성경의 약 4분의 1을 차지합니다(2,157/7,957절). 사도행전의 첫 구절은 "테오필로스 님, 첫 번째 책에서 저는 예수님의 행적과 가르침을 처음부터 다 다루었습니다."(사도 1,1)인데, 여기서 첫 번째 책은 바로 루카 복음서를 가리킵니다.

동정녀를 그리는 성 루카, 휘호 반 데르 후스, 1470-1480년, 국립 고미술관, 리스본, 포르투갈.

그렇다면 루카 복음서와 사도행전을 쓴 저자는 구체적으로 누구일까요? 교회는 전통적으로 사도 바오로의 "협조자"(필레 1,24)이며 "의사"(콜로 4,14)인 루카를 꼽았습니다(2세기 후반 경전인 무라토리 목록과 이레네오 주교의 「반이단론」). 그러나 학자들은 바로 그 루카가 이 두 책의 저자라는 확실한 근거가 없기 때문에 저자가 누구인지 알 수 없다는 의견을 공통적으로 갖습니다. 루카 복음서와 사도행전의 내용을 통해 유추해 볼 때 이 익명의 저자는 팔레스티나 지리와 관습에 정통하지 못한 점들을 보아 유다인이 아닌 다른 민족 출신의 그리스도인으로 여겨집니다.

집필 시기와 장소

대부분의 학자들은 루카 복음서가 집필된 80-90년과 비슷하거나 조금 늦은 시기에 사도행전이 집필되었다고 봅니다. 집필된 장소에 대한 의견은 에페소, 카이사리아, 안티오키아, 아카이아 지방, 로마 등 다양한 곳이 거론되지만 정확한 장소는 알 수 없습니다. 다만 팔레스티나 밖의 다른 민족 출신으로 구성된 그리스도교 공동체에서 쓰였다는 정도로 추정할 뿐입니다.

집필 목적과 독자

사도행전이 저술된 목적은 루카 복음서의 집필 목적과 맥을 같이 합니다. 루카 복음서의 머리말에서 저자는 "존귀하신 테오필로스 님, 이 모든 일을 처음부터 자세히 살펴본 저도 귀하께 순서대로 적어 드리는 것이 좋겠다고 생각하였습니다. 이는 귀하께서 배우신 것들이 진실임을 알게 해 드리려는 것입니다."(루카 1,3-4)라고 밝힙니다. 따라서 루카 복음서는 테오필로스라는 이가 예수님에 관하여 배운 것이 거짓이 아님을 밝히기 위해 쓰인 것입니다. 사도행전도 마찬가지입니다. 테오필로스로 하여금 예수님께서 승천하신 이후 초대 교회에서 벌어지는 모든 것들이 단순한 사건이 아니라 하느님의 섭리 안에서 이루어지는 구원의 역사임을 알려 주기 위하여 사도행전이 저술된 것입니다(사도 1,1-11 참조).

그런데 여기서 생각할 점은 테오필로스만이 루카 복음서와 사도행전의 독자는 아니라는 사실입니다. 사실 루카 복음사가는 '테오필로스'라는 한 사람을 언급하면서도 여러 독자, 특히 그리스도교에 이제 갓 입문한 이들을 염두에 두고 있습니다. 따라서 루카 복음서와 사도행전은 모두 그리스도교에 입교한 이들에게 그들이 배운 복음이 역사적으로뿐 아니라 신앙적으로도 참된 것이며, 그 복음이 성령의 힘을 받아 세상 끝까지 널리 전파될 것임을 알려 주기 위한 것이라고 말할 수 있습니다.

이러한 집필 목적은 당시 독자들에게 일러 주는 바가 큽니다. 무력으로

론지노가 사도들에게서 세례를 받다(부분), 작자 미상, 1489년, 뷔르템베르크 주립 박물관, 슈투트가르트, 독일.

온 세상을 정복한 로마 제국은 영원히 사라지지 않을 것처럼 느껴질 정도로 막강한 힘을 자랑하였습니다. 그리고 이러한 세상의 권력 앞에서 나자렛의 목수 출신인 예수 그리스도께서 전한 복음은 상대적으로 무력하게 보일 뿐이었습니다. 더구나 유다인들까지도 그리스도의 가르침을 수치스럽게 여기고 교회를 박해하고 있었으니 복음 선포는 더욱 어렵게만 여겨졌습니다. 더 나아가 복음을 전한다는 사도들 역시 어부나 세리, 열혈당원 출신으로 보잘것없는 이들에 불과하였으니, 세상의 눈으로 볼 때 예수 그리스도를 믿고 따르며 그분의 제자가 된다는 것이 우습게만 보였을 것입니다. 이러한 상황에서 용기를 잃기 쉬운 독자들을 향해 저자는 루카 복음서와 사도행전의 두 작

그리스도교 순교자들의 최후의 기도, 장레옹 제롬, 1863-1883년, 월터스 미술관, 볼티모어, 미국.

품을 통하여 역사의 진정한 주인은 하느님이시니, 그분께서는 이 작고 보잘것없는 사람들을 통하여 당신 구원의 역사를 능히 펼치고 계심을 알려 주고 있습니다.

사도행전, 이것만은 기억해요

첫째, 사도행전은 신약의 역사서입니다. 사도행전의 저자인 루카 복음사가에 따르면 구원의 역사는 세 시대로 나눌 수 있습니다. 이스라엘의 시대(구약 성경), 예수님의 시대(루카 복음서), 교회의 시대(사도행전)가 그것입니다. 따라서 구약의 역사서가 하느님의 옛 백성의 역사를 다룬 것이라면 사도행전은 하느님의 새 백성인 교회의 역사를 다룬 것이라고 할 수 있습니다. 사도행전이 역사적 관점으로 전개되었다는 것은 사도행전의 머리말이 당시의 역사서에서 전형적으로 쓰이는 양식과 비슷하다는 점에서도 알 수 있습니다.

둘째, 루카 복음사가는 구원의 역사가 성령께서 이끄시는 대로 흐른다는 점을 강조합니다. 이러한 강조는 '성령'이라는 단어가 사용된 횟수가 루카 복음서(13번)와 사도행전(44번)이 마태오 복음서(5번), 마르코 복음서(4번)보다 훨씬 많다는 점에서도 알 수 있습니다. 예수님의 시대를 이끌어 가신 분도, 교회의 시대를 이끌어 가신 분도 성령이십니다. 다시 말해서 예수님께서 잉태되실 때, 탄생하실 때, 세례를 받으실 때, 공생활에 앞서 유혹을 받으시고, 공생활을 하실 때 항상 성령의 인도가 있었습니다. 사도행전에서도 마찬가지인데, 사도들이 복음 선포를 시작할 수 있었던 것은 오순절에 성령이 가득

오순절(부분), 엘 그레코, 1600년경, 프라도 미술관, 마드리드, 스페인.

찾기 때문이며(사도 2,14 참조), 이후 교회 안에 중요한 사건이 있을 때마다 성령께서 인도하셨습니다(참조: 사도 1,8; 4,8.31; 6,3.10; 8,15-17.29; 9,17.31; 10,19.44-45; 11,12.15.24.28; 13,2.4.9; 15,28; 16,6; 19,6; 20,22-23.28; 21,4.11).

셋째, '예루살렘'을 중심으로 사도행전과 루카 복음서는 연결되어 있습니다. 루카 복음서에서 예수님의 복음 선포 여정은 갈릴래아 나자렛에서 출발하여 예루살렘에서 끝이 납니다. 사도행전에서는 사도들의 복음 선포 여정이 예루살렘에서 시작하여 당시 세상의 중심인 로마까지 이어집니다. 루카 복음서가 예루살렘을 향한 여정이라면, 사도행전은 예루살렘에서부터 시작된 여정인 것입니다. 이를 그림으로 보면 다음과 같습니다.

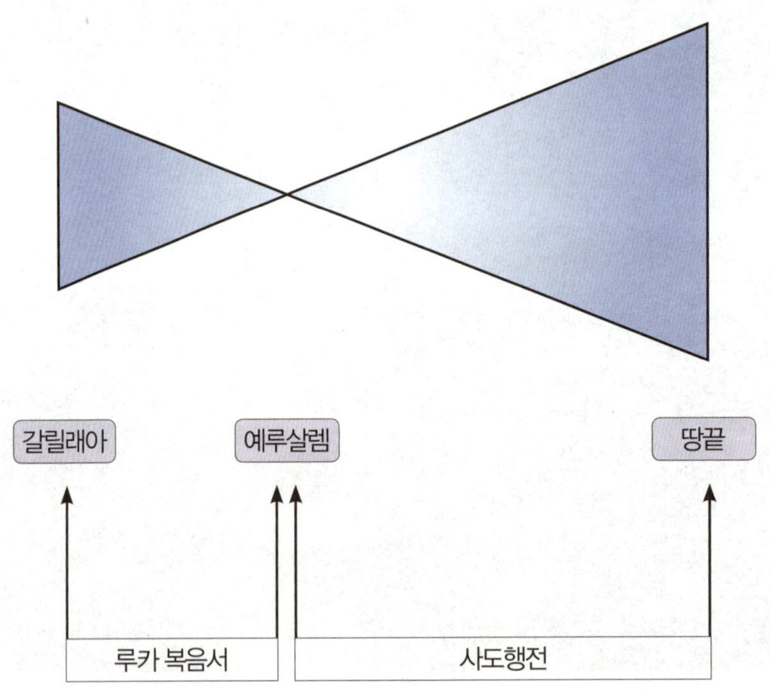

넷째, 사도행전에서 핵심적인 단어는 '증언'입니다. 사실 사도행전의 전체 줄거리를 요약하면 '예루살렘에서부터 로마까지 펼쳐지는 증언 활동'이라 할 수 있습니다. 실제로 이 책에는 '증인', '증언', '증언하다' 등 증언 활동과 관련된 단어가 무려 38회나 나옵니다. 그런데 여기서 눈여겨볼 점은 증언의 주체인 증인이 세 단계로 이어진다는 점입니다. 첫째 단계에서는 열두 사도입니다(사도 1,12-26 참조). 다만 이들 모두의 활약을 다 다루지는 않고 그 가운데 요한과 베드로와 관련된 일화들만 소개합니다(참조: 사도 2,1-5,42; 9,32-11,18). 둘째 단계에서는 일곱 봉사자인데 여기서도 스테파노와 필리포스 두 사람과 관련된 일화들만이 나옵니다(사도 6,8-8,40 참조). 셋째 단계에서는 다섯 선교사입니다(사도 13,1-3 참조). 이 단계에서도 마찬가지로 바오로와 바르나바와 관련된 일화들이 나옵니다(참조: 사도 11,19-30; 12,24-25; 13,4-28; 15,36-28,28).

다섯째, 사도행전에는 설교하는 장면이 총 24번이 나옵니다(베드로 8번, 바오로 9번, 기타 인물 7번). 이는 사도행전 전체 분량에서 4분의 1을 차지합니다. 언뜻 보기에는 이야기의 진행을 방해하는 것처럼 보이지만, 사실은 사도행전에서 다루는 여러 사건이 구원의 역사에서 어떤 의미를 지니는지를 알려 주는 역할을 합니다. 또 설교를 통해 교회가 새로운 전기를 맞이하고 발전하고 있음을 보여 줍니다.

사도행전 둘러보기

사도행전의 구조

사도행전에는 이 작품을 전체적으로 둘러보기 위한 지도와 나침반이 있습니다.

사도행전의 지도는 예수님께서 하늘에 오르시기 전에 사도들에게 내리신 명령입니다. “성령께서 너희에게 내리시면 너희는 힘을 받아, 예루살렘과 온 유다와 사마리아, 그리고 땅끝에 이르기까지 나의 증인이 될 것이다.” (사도 1,8). 예수님의 이러한 명령에 따라 사도들은 예루살렘과 그 인근인 유다, 이스라엘 영토에 속하는 사마리아와 인근 해안가, 그리고 이스라엘 영토를 넘어 소아시아와 그리스, 더 나아가 로마에까지 복음을 선포합니다.

사도행전에 나타난 복음의 확산

이러한 지리적인 기준에 따라 사도행전의 기본 구조를 살펴보면 다음과 같습니다.

	해당 부분	내용
	1,1-11	**머리말**
제1부		**예루살렘에서 사마리아 너머까지**
	1,12-2,13	예루살렘 성령 강림 사건
	2,14-8,3	예루살렘에서의 증언 활동
	8,4-12,25	온 유다와 사마리아에서의 증언 활동
	13,1-14,28	바오로의 1차 선교 여행: 키프로스 및 아시아
제2부		**예루살렘에서 땅끝까지**
	15,1-35	예루살렘 사도 회의
	15,36-18,22	바오로의 2차 선교 여행: 아시아 및 그리스
	18,23-21,26	바오로의 3차 선교 여행: 아시아 및 그리스
	21,27-28,28	바오로의 로마 호송 여행
	28,30-31	**맺음말**

사도행전의 구조

이 표에서 보듯이 사도행전은 머리말을 제외하고 크게 제1부와 제2부, 그리고 맺음말로 나누어 살필 수 있는데, 제1부에서는 예루살렘과 유다, 사마리아, 안티오키아 등에서 복음을 선포하는 장면이 나옵니다. 그리고 제2

부에서는 소아시아와 그리스, 마지막으로 로마에서 복음을 선포합니다. 그런데 여기서 어떤 이들은 이러한 궁금증을 품을 수도 있을 듯합니다. "예수님의 명령에 따르면 '땅끝'까지 복음을 선포하라고 했는데, 왜 사도행전은 '로마'에서 복음을 선포한 것으로 끝을 맺을까? 로마가 땅끝은 아닐 텐데……." 일리 있는 생각입니다.

그러나 사도행전의 저자인 루카 복음사가는 예수님께서 말씀하신 '땅끝'이라는 말의 의미를 지리적인 차원이 아니라, 신앙적인 차원으로 그려 나갑니다. 당시 사람들의 눈으로 볼 때 지리적인 차원에서 '땅끝'이라고 하면 스페인 서쪽 끝이어야 합니다.

하지만 신앙적인 차원에서는 다릅니다. 땅끝이 있으면 땅의 중심이 있을 텐데, 루카 복음사가는 예루살렘을 신앙적인 차원에서 땅의 중심으로 생각합니다. 예루살렘이야말로 하느님의 현존이 가득한 곳이고, 그곳에서 예수님께서 죽으시고 부활하심으로써 평화의 길을 마련하셨기 때문입니다. 곧 예루살렘은 하느님의 나라가 시작되는 도시입니다.

반면 로마는 세상의 나라인 로마 제국이 시작된 도시입니다. 그곳에는 하느님이 있어야 할 자리에 로마 황제가 있고, 거리마다 온갖 이교 신전이 가득하였습니다. 또 당시에 로마에서 선전하는 평화를 두고 '팍스 로마나(로마의 평화)'라고 불렀는데 이는 전쟁으로 상대를 굴복시켜 쟁취하는 폭력적인 평화였습니다.

그러니 신앙적인 차원에서 볼 때 로마는 '땅끝'이었으며 예수님께서는

콜로세움. 고대 로마의 세계 의식과 그 문화를 상징적으로 보여 주는 건축물이다.

바로 이러한 도시에까지도 당신께서 선포하신 평화, 곧 죽음과 부활로 세워진 "평화"(루카 24,36), "죄의 용서를 위한 회개"(루카 24,47)에서 나오는 그리스도의 평화가 전해지기를 바라신 것입니다.

바로 이 지점에서 사도행전을 둘러보기 위한 나침반을 발견할 수 있습

고대 이스라엘 지도(부분), 모셰 간바시, 1838-1839년, 유다인 박물관, 뉴욕, 미국.

니다. 나침반에 N극과 S극이 있는 것처럼, 사도행전에는 땅의 중심인 예루살렘과 땅끝인 로마가 있는 것입니다. 사도행전에서 예루살렘은 사도들이 성령의 힘을 받는 곳입니다. 그리고 그 성령의 힘으로 땅끝인 로마까지 복음이 선포되는 것입니다. 이 나침반에 따라 사도행전은 N극인 예루살렘에서 S극인 로마에까지 흐르는데, 그 흐름을 보면 다음과 같습니다.

먼저 제1부(사도 1,12-14,28)에서는 예루살렘에서 사마리아 너머까지 복음 선포가 이루어집니다. 그러나 그리스도교로 개종한 이민족들에게 할례와 율법 적용에 대한 논쟁이 발생하여 선포 활동에 차질이 빚어집니다. 이 문제의 해결을 위해 예루살렘에 모였던 사도들은, 회의 도중에 성령의 힘을 받아(사도 15,28 참조) 슬기롭게 이 문제를 해결할 수 있었습니다. 그리하여 예루살렘으로부터 시작하여 로마에 이르기까지 복음 선포하는 내용이 제2부(사도 15,1-28,31)에서 펼쳐집니다.

제1과

사도 1,1-26

성령의 힘을 기다리며

주님 승천, 피에트로 페루지노, 1500년경, 리옹 미술관, 프랑스.

● 말씀: 사도 1,6-11

1 **6**사도들이 함께 모여 있을 때에 예수님께 물었다. “주님, 지금이
주님께서 이스라엘에 다시 나라를 일으키실 때입니까?” **7**그러자 예
수님께서 그들에게 이르셨다. “그 때와 시기는 아버지께서 당신의
권한으로 정하셨으니 너희가 알 바 아니다. **8**그러나 성령께서 너희
에게 내리시면 너희는 힘을 받아, 예루살렘과 온 유다와 사마리아,
그리고 땅끝에 이르기까지 나의 증인이 될 것이다.” **9**예수님께서는
이렇게 이르신 다음 그들이 보는 앞에서 하늘로 오르셨는데, 구름에
감싸여 그들의 시야에서 사라지셨다. **10**예수님께서 올라가시는 동
안 그들이 하늘을 유심히 바라보는데, 갑자기 흰 옷을 입은 두 사람
이 그들 곁에 서서, **11**이렇게 말하였다. “갈릴래아 사람들아, 왜 하
늘을 쳐다보며 서 있느냐? 너희를 떠나 승천하신 저 예수님께서는,
너희가 보는 앞에서 하늘로 올라가신 모습 그대로 다시 오실 것이
다.”

함께 읽을 성경: 사도 1,1-5; 12-26

이끎말

사도행전은 예수님의 승천과 남겨진 제자들의 이야기로 시작합니다. 이제 예수님의 시대는 지나고 교회의 시대가 펼쳐지게 된 것입니다. 그러나 교회의 시대는 자동적으로 열리는 것이 아닙니다. 루카 복음사가는 교회의 시대를 본격적으로 다루기에 앞서 몇 가지 이야기를 우리에게 들려줍니다.

예수님의 승천과 남겨진 제자들

항상 스승 곁에서 스승께서 하시는 일을 보조하던 사도들이 이제는 예수님 없이 살게 되었습니다. 그러나 예수님께서는 그들 곁을 떠나시면서도 그들을 그저 버려두는 것이 아님을 밝히십니다. 오히려 사도들에게 매우 중대한 사명을 맡기십니다.

"성령께서 너희에게 내리시면 너희는 힘을 받아, 예루살렘과 온 유다와 사마리아, 그리고 땅끝에 이르기까지 나의 증인이 될 것이다."(사도 1,8).

교회의 시대에는 예수님께서 이 땅에서 하셨던 사명을 사도들이 수행해야 합니다. 예수님의 권한이 사도들에게 위임된 것입니다. 그러나 이들은 복음을 선포할 때 필요할 만한 지식과 언변, 물질적 자산이 전혀 없었습니다. 그저 평범하고 가난한 사람들일 뿐이었습니다. 인품과 신앙에 있어서도 마찬가지입니다. 서로 다투는 일도 많았고, 예수님께서 체포되시어 수난과 죽음을 겪으실 때 그분을 배반하여 도망치기도 하였습니다. 이런 이들이 교회의 시대에 주역이 되어 예수님께서 하시던 일을 계승하기란 상상조차 하기 어렵습니다. 그럼에도 예수님께서 이들에게 사명과 권한을 맡기신 것은 성령의 힘을 믿으셨기 때문입니다. 성령께서 함께하시지 않는다면 그들은 쓸모없는 이들로 남겠지만, 성령께서 함께하시기 때문에 그들은 성령으로 인해 담대하게 복음을 선포하는 참된 증인이 될 수 있습니다.

성령을 받기 위해서

교회의 시대는 성령의 힘이 사도들에게 내릴 때에야 비로소 열리게 됩니다. 그런데 루카 복음사가는 이를 위한 조건으로 두 가지를 제시합니다. 하나는 기도이며, 다른 하나는 사도단의 재구성입니다.

첫 번째 조건을 살펴보자면 루카 복음사가는 구원의 역사에서 결정적인 순간마다 기도가 있었음을 전합니다. 그래서 교회의 시대가 열릴 때에도 사도들이 성모님을 비롯하여 예수님을 믿는 이들을 한데 모아 기도하고 있었음을 알립니다(사도 1,12-14 참조). 이는 복음서에서도 마찬가지였습니다. 즈카르야가 세례자 요한의 잉태 소식을 가브리엘 천사로부터 들을 때에 온 백성의 무리가 기도하고 있었습니다(루카 1,10 참조). 나자렛 마을에 사는 처녀 마리아에게 예수님의 탄생 예고가 있었을 때에도 성모님은 기도하였습니다(루카 1,29 참조). 예수님이 성전에 바쳐질 때에 시메온은 찬미의 기도를 드렸고(루카 2,28 참조), 그 곁에 있던 한나 역시 성전에서 한평생을 기도한 여인으로 묘사됩니다(루카 2,37 참조). 예수님께서 세례를 받으실 때에도(루카 3,21 참조), 열두 제자를 뽑으시기 전에도(루카 6,12 참조), 영광스럽게 변모하실 때에도(루카 9,28 참조) 루카 복음서만이 그분께서 기도하고 계셨다고 전합니다. 마지막으로 예수님께서 십자가에 못 박혀 돌아가실 때에도 루카 복음서만이 "아버지, 저들을 용서해 주십시오. 저들은 자기들이 무슨 일을 하는지 모릅니다."(루카 23,34)와 "아버지, 제 영을 아버지 손에 맡깁니다."(루카 23,46)라고

성 마티아 사도, 시모네 마르티니 공방, 1317-1319년경, 메트로폴리탄 미술관, 뉴욕, 미국.

예수님께서 드리셨던 기도를 전해 줍니다. 이처럼 예수님께서는 당신 생애에 가장 중요한 순간마다 기도하셨습니다. 따라서 사도들에게 성령이 내리기에 앞서 그들이 기도를 하는 것은 너무나 당연한 것이라 할 수 있습니다.

성령을 받기 위한 두 번째 조건은 사도단을 열두 명으로 다시 구성하는 것입니다(사도 1,15-26 참조). 성령을 통해 탄생되는 교회는 하느님의 옛 백성을 계승한 새 이스라엘이어야 합니다. 따라서 하느님의 옛 백성이 열두 지파에서 비롯된 것처럼, 하느님의 새 백성 또한 열두 사도가 초석이 되는 것입니다. 루카 복음사가는 이를 강조하기 위하여 마티아를 사도로 뽑을 때 모인 무리의 숫자가 '백스무 명가량' 되었다고 전합니다.

묵상

1. 그동안 사도들은 스승이신 예수님과 줄곧 함께 지내 왔지만, 이제는 예수님을 더 이상 볼 수 없게 되었습니다. 그럼에도 이들은 땅끝에 이르기까지 예수님의 증인으로서 살아가야 합니다. 우리는 어떠한가요? 우리는 어떻게 보이지 않는 예수님을 증거하고 있는지요? 그리고 그분을 증거하기 위해 우리에게 필요한 것은 무엇일까요?

2. 성모님께서는 예수님의 어머니이시지만, 아드님을 하느님 아버지

께 떠나보내시고 나서부터는 '사도들의 어머니'가 되셨습니다. 그래서 사도들이 한데 모였을 때 그들과 함께 한마음으로 기도에 전념하셨습니다. 이렇듯 성모님께서는 예수님 없이 남겨진 사도들이 담대하게 예수님을 증언할 수 있도록 용기를 불어넣어 주시고, 그들이 끊임없이 기도할 수 있도록 이끌어 주셨습니다. 각자의 삶에서 성모님께서 이끌어 오신 순간들을 떠올려 봅시다.

3. 사도들은 유다의 배신으로 사도단의 인원수가 열둘에서 열하나로 줄어들었기에 마티아를 사도로 구성합니다. 이는 교회 공동체의 초석인 사도단을 온전하게 하기 위함이었습니다. 루카 복음사가는 이로써 복음 선포는 혼자서 하는 것이 아니라, 공동체가 다 함께, 공동체의 힘으로, 공동체의 질서 안에서 이루어지는 것임을 밝힙니다. 각자의 삶에서 공동체로부터 힘을 얻었던 순간들을 떠올려 봅시다.

예수님의 승천(부분, 존 싱글턴 코플리)

제2과

사도 2,1-47

교회의 탄생

성령 강림(부분), 루카스 프란호이스 2세, 성 얀 성당, 메헬렌, 벨기에.
양 측면에는 설교하는 베드로와 바오로 사도의 모습이 그려져 있다.

● 말씀: 사도 2,1-6

2 **1**오순절이 되었을 때 그들은 모두 한자리에 모여 있었다. **2**그런
데 갑자기 하늘에서 거센 바람이 부는 듯한 소리가 나더니, 그들이
앉아 있는 온 집 안을 가득 채웠다. **3**그리고 불꽃 모양의 혀들이 나
타나 갈라지면서 각 사람 위에 내려앉았다. **4**그러자 그들은 모두 성
령으로 가득 차, 성령께서 표현의 능력을 주시는 대로 다른 언어들
로 말하기 시작하였다. **5**그때에 예루살렘에는 세계 모든 나라에서
온 독실한 유다인들이 살고 있었는데, **6**그 말소리가 나자 무리를 지
어 몰려왔다. 그리고 제자들이 말하는 것을 저마다 자기 지방 말로
듣고 어리둥절해하였다.

함께 읽을 성경: 사도 2,7-47

이끎말

2장은 교회의 시대를 여는 예루살렘 성령 강림 사건(사도 2,1-13)과 베드로의 첫 설교(사도 2,14-36), 삼천 명의 세례(사도 2,37-41), 첫 신자 공동체의 생활(사도 2,42-47)을 다룹니다. 2장의 이러한 구성은 교회의 시대에서 필요한 핵심 요소가 무엇인지를 보여 줍니다. 첫째는 오순절에 내리신 **성령**이고, 둘째는 베드로의 설교에서 드러난 **하느님의 말씀**입니다. 세 번째 요소는 **세례**입니다. 그리고 세례를 받아 신자 공동체를 이룬 이들이 빵을 떼어 나누고 기도하는 모습을 보여 주는데, 이는 네 번째 요소, 곧 **성찬**을 드러냅니다.

오순절 성령 강림 사건과 오십의 의미

예루살렘에서 성령 강림(사도 2,1-13)은 오순절에 이루어졌습니다. 여기서 '오순五旬'이라는 말은 '오십'을 가리킵니다. 곧 오순절은 파스카 축제부터 오십 일이 지나고서 지내는 축제일입니다. 사람들은 파스카 축제 이후 7주 동안에는 '누룩 없는 빵'을 먹다가 오순절이 되어서야 비로소 누룩을 넣고서 구운 빵을 먹을 수 있었습니다. 그리고 이 빵을 하느님께 바치면서 곡식을 수확할 수 있게 해 주심에 감사드렸습니다. 본디 성경에서 '오십'이라는 숫자는 희년을 상징합니다(레위 25,8-22). 성경에 따르면 희년은 빚을 탕감받고 자신의 소유지를 되찾는 해방의 해로서 '주님의 은혜로운 해'(이사 61,2 참조)라고 불렀습니다. 예수님께서도 공생활을 시작하시며 당신의 시대를 본

성 베드로 사도, 시모네 마르티니, 1326년, 티센보르네미사 미술관, 마드리드, 스페인.

격적으로 여실 때 다음과 같이 희년을 선포하셨습니다.

"주님께서 나에게 기름을 부어 주시니 주님의 영이 내 위에 내리셨다. 주님께서 나를 보내시어 가난한 이들에게 기쁜 소식을 전하고 잡혀간 이들에게 해방을 선포하며 눈먼 이들을 다시 보게 하고 억압받는 이들을 해방시켜 내보내며 주님의 은혜로운 해를 선포하게 하셨다."(루카 4,18-19).

예수님께서 성령을 받아 희년을 선포하시며 당신의 시대를 여신 것처럼 사도들 역시 교회의 시대가 펼쳐지는 시점에 성령을 받게 된 것입니다. 다시 말해서 예수님의 시대도, 교회의 시대도 모두 희년과 함께 시작되었던 것입니다. 그리고 사도행전은 이를 오순절이라는 축제를 통해 상징적으로 드러내고 있습니다.

다양한 지역, 다양한 언어, 하나의 성령

사도들에게 성령이 주어지자 그들은 성령께서 표현의 능력을 주시는 대로 다른 언어들로 말하기 시작하였습니다. 그 말소리에 예루살렘에 순례를 온 많은 사람들이 모여들었는데, 저마다 다른 지방, 다른 나라에서 왔음에도 저마다 자기 언어로 알아듣습니다. 이 인상적인 이 장면에서 우리가 새겨야 할 점은 두 가지입니다.

첫째, 2장 9절에서 11절에 소개된 여러 지역 목록입니다. 사실 당시 사람들은 이 목록을 들으면 알렉산드로스 대제를 떠올렸을 것입니다. 실제로 당대 지리학자들과 역사학자들은 이 목록과 같거나 비슷한 지역들을 언

사도들에게 성령이 내림, 조토, 1310-1318년경, 내셔널 갤러리, 런던, 영국.

급하며 알렉산드로스 대제가 정복한 곳들이라고 전하였습니다. 알렉산드로스 대제는 인류의 역사에서 가장 위대한 정복자로 알려져 있습니다. 그러나 알렉산드로스 대제가 전쟁과 폭력으로 이 지역들을 점령하였다면, 사도들은 성령의 힘을 통해 이 지역을 복음 말씀으로 채우게 된 것입니다.

둘째, 바벨탑 사건(창세 11,1-9)과의 대비입니다. 창세기를 보면 사람들이 자기들의 이름을 드높이고 일치를 이루기 위해서 하늘까지 닿는 탑을 세우기 시작합니다. 그러나 이러한 시도는 인간의 힘만으로도 충분히 하느님의 영역까지 닿을 수 있다고 생각하는 어리석음에서 온 것입니다. 그래서 하느님께서는 인간의 탐욕을 보여 주는 바벨탑을 보시고는 온 세상의 말을 뒤섞어 놓아 버리셨습니다. 그런데 성령 강림 사건을 통해 바벨탑에서 빚어진 불행이 깨끗이 사라지게 되었습니다. 성령께서 사도들에게 내리자 갈라진 언어가 하나가 된 것

바벨탑(부분), 뤼카스 판 팔켄보르흐, 1594년, 루브르 박물관, 파리, 프랑스.

입니다. 하느님 없이 하느님처럼 되려고 하늘까지 탑을 건설하려는 시도는 오히려 분열을 낳았습니다. 그러나 하느님의 뜻에 순종하며 기도 안에 모인 사도들은 성령을 받고 하느님 나라를 향한 교회를 건설하게 된 것입니다.

● 묵상

1. 신약 성경에서 주님의 은혜로운 해인 희년은 성령을 받는 데에서 비롯됩니다. 곧 하느님의 은총은 성령을 통하여 주어지는 것입니다. 성령께서는 보이지 않는 분이시지만, 우리 삶 속에 깊숙하게 들어오시어 우리에게 힘을 주십니다. 그리하여 우리가 세상을 육적인 눈이 아니라, 영적인 눈으로 바라보게 하시고, 육적인 기준에서 판단하는 것이 아니라 영적인 기준에서 사리 분별을 할 수 있도록 하시며, 육적인 목적을 위하여 행동하지 않고 영적인 유익을 위하여 행동하도록 이끌어 주십니다. 성령의 이러한 이끄심을 체험한 경험을 떠올려 봅시다.

2. 세속적인 권력은 무력을 통해 세상을 다스립니다. 그러나 하느님께서는 성령을 통하여 세상을 다스리십니다. 무력이 절정으로 치솟게 되면 세속적인 권력은 바벨탑과 같은 것이 되어 사람들을 오히려 분열로 이끌지만, 성령이 충만하여 복음을 전하는 이들은 사람들을 하나 되게 합니다. 그렇다

면 우리 삶이 성령으로 충만하지 못하도록 방해하는 걸림돌에는 어떤 것들이 있는지 생각해 봅시다.

3. 베드로는 성령을 받은 사도들을 두고 '새 포도주에 취했군'하고 비웃는 사람들을 향해 지금은 아침 아홉 시라 대답하며 설교의 포문을 엽니다. 베드로의 설교에 감화를 받은 사람들은 회개하여 세례를 받게 되는데 그날 신자가 된 이들이 삼천 명가량이나 됩니다(사도 2,37-41 참조). 백스무 명가량으로 시작된 교회 공동체가 성령과 말씀의 힘으로 성장하게 된 것입니다. 그리고 이야기는 여기에서 끝나지 않습니다. 교회가 양적으로뿐 아니라 질적으로도 성장하였습니다(사도 2,42-47 참조). 곧 교회는 사도들의 가르침을 받으며 친교를 이루었고 빵을 떼어 나누며 다 함께 기도하는 공동체가 된 것입니다. 어떤 학자들은 이 특성이 성찬의 구성 요소와 밀접히 연관되어 있다고 설명합니다. 이처럼 초대 교회는 주님께서 제정하신 성찬을 교회 삶의 핵심으로 삼았습니다. 더 나아가 성찬을 전례적으로뿐 아니라 실천적 삶으로 살아갔던 것입니다. 우리는 어떠한가요? 각자의 삶에서 미사는 어떤 의미를 지니고 있는지요?

오순절(라불라 복음서 삽화)

제3과

사도 3,1-5,42

베드로와 요한

베드로와 요한, 마르코와 바오로, 알브레히트 뒤러, 1526년, 알테 피나코테크 미술관, 뮌헨, 독일.

● 말씀: 사도 3,1-10

3 **1**베드로와 요한이 오후 세 시 기도 시간에 성전으로 올라가는데,
2모태에서부터 불구자였던 사람 하나가 들려 왔다. 성전에 들어가
는 이들에게 자선을 청할 수 있도록, 사람들이 그를 날마다 '아름다
운 문'이라고 하는 성전 문 곁에 들어다 놓았던 것이다. **3**그가 성전
에 들어가려는 베드로와 요한을 보고 자선을 청하였다. **4**베드로는
요한과 함께 그를 유심히 바라보고 나서, "우리를 보시오." 하고 말
하였다. **5**그가 무엇인가를 얻으리라고 기대하며 그들을 쳐다보는데,
6베드로가 말하였다. "나는 은도 금도 없습니다. 그러나 내가 가진
것을 당신에게 주겠습니다. 나자렛 사람 예수 그리스도의 이름으로
말합니다. 일어나 걸으시오." **7**그러면서 그의 오른손을 잡아 일으
켰다. 그러자 그가 즉시 발과 발목이 튼튼해져서 **8**벌떡 일어나 걸었
다. 그리고 그들과 함께 성전으로 들어가면서, 걷기도 하고 껑충껑
충 뛰기도 하고 하느님을 찬미하기도 하였다. **9**온 백성은 그가 걷기
도 하고 하느님을 찬미하기도 하는 것을 보고, **10**또 그가 성전의 '아
름다운 문' 곁에 앉아 자선을 청하던 사람이라는 것을 알고, 그에게
일어난 일로 경탄하고 경악하였다.

함께 읽을 성경: 사도 3,11-5,42

● 이끎말

3장에서 5장까지는 예루살렘에서 이루어지는 열두 사도의 활약을 다룹니다. 그런데 루카 복음사가는 여기에서 열두 사도의 활약을 일일이 다 그리지 않고, 그들 가운데에서도 특별히 베드로 사도와 요한 사도에게 초점을 맞추어 서술합니다. 물론 나머지 열 명의 사도들 또한 많은 기적을 동반한 복음 선포 활동을 하였을 것입니다. 그러나 그 모든 것을 이 사도행전 한 권의 책에 담기에는 한계가 있었을 것입니다. 따라서 증인을 상징하는 숫자 '2'를 연상시키며 두 사도의 활동만을 주로 소개합니다.

무덤으로 달려가는 베드로와 요한, 외젠 뷔르낭, 1898년, 오르세 미술관, 파리, 프랑스.

예수 그리스도의 이름 때문에

베드로 사도와 요한 사도를 중심으로 한 사도들이 예루살렘에서 담대하게 복음을 전할 수 있는 힘은 오직 예수 그리스도의 이름 때문입니다. 베드로 사도가 예루살렘 성전의 '아름다운 문'에서 구걸을 하는 불구자에게 다음과 같이 말하는 데에서도 그러한 점이 드러납니다. "나는 은도 금도 없습니다. 그러나 내가 가진 것을 당신에게 주겠습니다. 나자렛 사람 예수 그리스도의 이름으로 말합니다. 일어나 걸으시오."(사도 3,6). 베드로 사도가 불구자를 일으켜 세우고 그가 하느님을 찬미할 수 있도록 한 것은 예수님의 이름이었던 것입니다.

예루살렘 구 시가지에서 가장 아름다운 문으로 알려진 황금문.

앞서 살펴보았듯이 베드로는 다른 사도들과 마찬가지로 사회적인 신분에서도, 종교적인 학식에서도 내세울 것 없는 사람이었습니다. 그런 그가 수많은 사람들이 오고 가는 예루살렘 성전에서 놀라운 기적을 베풀었을 뿐 아니라 성전 동쪽에 있는 솔로몬 주랑에서 온 백성 앞에서 설교할 수 있었던 것은 예수님의 이름 때문입니다(사도 3,11-26 참조). 또 유다 지도자들, 원로들, 율법 학자들, 대사제가 모여 있는 최고 의회에서도 그들이 죽인 예수 그리스도를 용기 있게 전할 수 있었습니다(사도 4,1-22 참조). 최고 의회는 이러한 베드로의 모습을 보면서 다음과 같이 반응합니다. "그들은 베드로와 요한의 담대함을 보고 또 이들이 무식하고 평범한 사람임을 알아차리고 놀라워하였다."(사도 4,13).

예수 그리스도의 이름으로 살아간다는 것은

예수님의 이름으로 살아간다는 것은 단순히 입으로 예수님의 이름을 부르는 것을 의미하지 않습니다. 이는 베드로가 탐욕적인 하나니아스와 사피라에게 내린 심판(사도 5,1-11)에서 알 수 있습니다. 두 사람은 예수님을 믿는다고 하면서도 다른 신자들과는 달리 자기 재산의 일부는 숨겨 놓았습니다. 이는 단지 봉헌금을 아낀다는 뜻이 아니라 하느님을 속이고자 하는 심산이었습니다.

본디 예수님을 믿고 그분의 이름으로 살아간다는 것은 그분께 자신의 삶을 전적으로 맡긴다는 것이고, 때로는 그분을 위하여 목숨을 내어놓을 수

사피라의 죽음(부분), 암브로시우스 프랑켄 엘더, 1590년대, 피닉스 미술관, 애리조나, 미국.

도 있다는 것을 각오하는 일입니다. 베드로는 하나니아스와 사피라의 위선을 간파하였고, 결국 그들은 목숨을 잃게 됩니다. 그들에게 생명을 주신 하느님께서 그들을 거두신 것입니다.

하나니아스와 사피라와는 대조적으로 베드로와 요한은 예수님의 이름으로 살아간다는 것이 어떤 것을 의미하는지 잘 보여 줍니다. 예수님의 이름 때문에 감옥에 갇힌 두 사도는 최고 의회로부터 앞으로는 예수님의 이름

황색 그리스도, 고갱, 1889년, 올브라이트-녹스 미술관, 뉴욕, 미국.

으로 절대로 말하지도 말고 가르치지도 말라는 지시를 받습니다. 그러나 베드로는 "하느님의 말씀을 듣는 것보다 여러분의 말을 듣는 것이 하느님 앞에 옳은 일인지 여러분 스스로 판단하십시오."라고 말하며 예수님의 이름을 포기하지 않습니다(사도 4,18-20 참조). 사도들이 최고 의회의 협박에 굴하지 않고 계속해서 예수님의 이름을 받들며 예루살렘에서 활동하자 최고 의회에서는 다시 사도들을 붙잡아 매질을 합니다(사도 5,17-40 참조). 예수님의 이름으로 살아가기 위해서 더 큰 고통을 감수한 것입니다.

● 묵상

1. 루카 복음사가는 열두 사도의 활동을 모두 다루지 않는 대신, 베드로와 요한 두 사도에게 초점을 맞춥니다. 혼자서 어떤 일을 하는 것과 둘이 함께 일을 하는 것은 여러 점에서 다릅니다. 혼자서 일을 하면 보다 자유롭고 편합니다. 그러나 힘에 부칠 때가 있고 독단적인 처신을 할 위험도 있습니다. 반면 둘이 일을 하면 서로 맞추어야 하기에 불편한 점이 있습니다. 그러나 서로 다른 점이 오히려 어떤 일을 할 때 다각적이며 균형 있게 접근할 수 있도록 하며, 좀 더 강한 추진력을 발휘할 수도 있습니다. 살아가면서 좋은 파트너 혹은 힘들었던 파트너를 떠올려 보면서 어떤 점이 좋았고, 어떤 점이 힘들었는지를 생각해 봅시다. 그리고 그 안에서 '내가' 고쳐야 할 점은

무엇이었는지도 새겨 봅시다.

2. 베드로가 구걸을 하는 불구자를 고쳐 주고 온 백성 앞에서 담대하게 설교하며 최고 의회에서도 용기 있게 증언할 수 있었던 힘은 은이나 금이 아니었습니다. 뛰어난 지식이나 언변이 있어서도 아니었습니다. 오직 예수 그리스도의 이름으로 살아갔기 때문입니다. 베드로의 힘은 예수님에게서 온 것입니다. 각자의 삶에서 예수 그리스도를 통해 힘을 얻게 된 경험이 있었는지요?

3. 신자들은 누구나 예수님의 이름으로 세례를 받습니다(참조: 사도 2,38; 8,12.16). 그리고 우리는 성호경을 자주 그으며 날마다 성부와 성자와 성령의 이름으로 살아갑니다. 그런데 누군가의 이름으로 살아간다는 것은 우리 삶을 바로 그 이름에 기초하여 살아간다는 것을 의미합니다. 하나니아스와 사피라는 예수님의 이름을 자기 재산보다도 가치 없는 것으로 여겼기에 생명을 잃었고 베드로와 요한은 그 이름을 자기 목숨보다도 소중하게 여겼기에 구원을 받았습니다. 성부와 성자와 성령의 이름으로 살아가는 사람과 그렇지 않은 사람이 일상의 삶 속에서 어떻게 다른지 되새겨 봅시다.

병자를 고쳐 준 베드로 사도(부분, 니콜라 푸생)

제4과

사도 6,1-8,40

스테파노와 필리포스

성 스테파노의 순교(부분), 미카엘 다마스키노스, 1591년, 코르푸 미술관, 그리스.

● 말씀: 사도 7,55-60

7 **55**스테파노는 성령이 충만하였다. 그가 하늘을 유심히 바라보
니, 하느님의 영광과 하느님 오른쪽에 서 계신 예수님이 보였다. **56**
그래서 그는 "보십시오, 하늘이 열려 있고 사람의 아들이 하느님 오
른쪽에 서 계신 것이 보입니다." 하고 말하였다. **57**그들은 큰 소리
를 지르며 귀를 막았다. 그리고 일제히 스테파노에게 달려들어, **58**
그를 성 밖으로 몰아내고서는 그에게 돌을 던졌다. 그 증인들은 겉
옷을 벗어 사울이라는 젊은이의 발 앞에 두었다. **59**사람들이 돌을
던질 때에 스테파노는, "주 예수님, 제 영을 받아 주십시오." 하고
기도하였다. **60**그리고 무릎을 꿇고 큰 소리로, "주님, 이 죄를 저
사람들에게 돌리지 마십시오." 하고 외쳤다. 스테파노는 이 말을 하
고 잠들었다.

함께 읽을 성경: 사도 6,1-7,54; 8,1-40

● 이끎말

6장에서 8장은 열두 사도를 계승한 일곱 봉사자의 활약을 다루는데 그 가운데에서도 특별히 스테파노와 필리포스에게 초점을 맞춥니다. 일곱 봉사자 가운데 나머지 다섯 명 또한 복음 선포 활동을 하였겠지만 앞선 3장에서 5장의 경우처럼 이를 생략합니다. 일곱 봉사자의 활약에서 눈여겨볼 점은 그동안 복음 선포 활동이 예루살렘에서만 한정되었던 것에 비해, 이제는 사마리아 지역뿐 아니라 가자, 아스돗, 카이사리아와 같은 이스라엘의 해안 도시에까지 확장되었다는 것입니다.

위기는 기회의 또 다른 이름

이제 복음 선포의 지역이 예루살렘만이 아니라 온 유다와 사마리아, 더 나아가 이스라엘 전역으로 확장되었습니다. 그런데 이렇게 된 계기가 상당히 역설적입니다. 복음 선포가 효과적으로 사람들에게 잘 전해져서 그런 것이 아니라, 오히려 그 반대이기 때문입니다. 복음 선포의 결정적인 계기가 된 스테파노의 순교에 대해 성경 본문은 다음과 같이 전합니다. "그날부터 예루살렘 교회는 큰 박해를 받기 시작하였다. 그리하여 사도들 말고는 모두 유다와 사마리아 지방으로 흩어졌다. … 한편 흩어진 사람들은 이곳저곳 돌아다니며 말씀을 전하였다."(사도 8,1ㄴ-4). 상식적으로 볼 때 교회가 박해를 받으면 복음 선포에 어려움을 겪게 되어 차질을 빚을 것이라고 생각할 것입니다. 그러나 하느님의 섭리는 참으로 오묘합니다. 박해를 통해 교회가 위기를 겪게 되었지만 '전화위복'이라는 말처럼 그것이 오히려 성장의 기회가 된 것입니다.

성 스테파노 부제, 조토, 1320-1325년, 피렌체 미술관, 이탈리아.

새로운 증인들의 탄생

예수님의 명령(사도 1,8)에 따르면 당신의 증인이 되는 이들은 열두 사도입니다. 그런데 정작 열두 사도의 활동은 3장에서 5장까지 주로 다루어지고, 6장에서 8장에 이르러서는 일곱 봉사자들의 활동이 소개됩니다. 이는 예수님의 증인이 열두 사도로만 한정된 것이 아니라 일곱 봉사자들에게까지 계승되고 확장되었음을 의미합니다. 더 나아가 이들 봉사자들의 명단이 나오는 장면(사도 6,1-7)을 통해 한 가지 사실을 덧붙여 새길 수 있습니다.

"우리가 하느님의 말씀을 제쳐 놓고 식탁 봉사를 하는 것은 바람직하지 않습니다. 그러니 형제 여러분, 여러분 가운데에서 평판이 좋고 성령과 지혜가 충만한 사람 일곱을 찾아내십시오. 그들에게 이 직무를 맡기고, 우리는 기도와 말씀 봉사에만 전념하겠습니다."(사도 6,2ㄴ-4).

필리포스 부제가 에티오피아 내시에게 세례를 베풀다, 렘브란트, 1626년, 카타리네콘벤트 박물관, 위트레흐트, 네덜란드.

이 구절을 언뜻 보면 일곱 사람이 봉사자로 뽑힌 것은 식탁 봉사를 위한 것이지 '예수님의 증인'으로 삼기 위한 것이 아닌 것처럼 여겨집니다. 그러나 이어져 나오는 내용을 보면 일곱 봉사자에 속하는 스테파노뿐 아니라 필리포스까지 예수님의 증인으로서 활약을 합니다. 바로 여기에서 우리가 생각할 점이 있습니다. 교회 안의 구성원 가운데 복음을 선포하는 사람이 따로 있고 그

렇지 않은 사람이 따로 있는 것이 아니라는 것입니다. 성령을 받은 사람이라면 누구나 예수님의 증인으로서 복음을 선포할 사명이 있다는 것입니다.

복음을 선포한다는 것은

스테파노는 순교로써 복음을 전합니다. 앞서 그의 순교가 계기가 되어 복음이 널리 전파되었음을 살펴보았습니다. 이는 순교야말로 최고의 복음 선포 활동임을 보여 줍니다. 또 다른 봉사자인 필리포스는 여러 표징과 가르침으

착한 목자, © 심순화, 2020년, 대한민국.

로써 복음을 선포합니다. 이처럼 복음 선포는 놀라운 표징과 가르침, 심지어는 순교처럼 다양한 방식으로 이루어집니다. 복음 선포의 대상에 대해서도 생각해 볼 수 있습니다. 필리포스를 보면 그는 사마리아 마술사인 시몬(사도 8,9-13 참조)과 에티오피아 내시(사도 8,26-39 참조)에게 복음을 선포하였습니다. 곧 그 대상이 좋은 사람이든 나쁜 사람이든, 유다인이든 비유다인이든, 지위가 높은 사람이든 낮은 사람이든 구분하지 않은 것입니다. 이처럼 복음은 우리 삶의 모든 것들 곧 말과 행동, 심지어는 죽음까지 동원하여 선포하는 것이며, 어떤 특정한 사람만이 아니라 자기 앞에 있는 사람이면 누구에게나 선포하는 것입니다.

● 묵상

1. '새옹지마'라는 말이 있습니다. 어느 변방 마을의 노인에게 말이 한 마리 있었는데, 어느 날 그 말이 도망을 쳤습니다. 사람들이 노인을 위로하자 노인이 말했습니다. "이 일이 좋은 일이 될지 어떻게 아시오?" 그런데 도망갔던 말이 많은 말들을 거느리고 돌아왔습니다. 노인은 딱히 기뻐하지 않았습니다. "이 일이 나쁜 일이 될지도 모르는 일이오." 아닌 게 아니라 아들이 말에서 떨어져 다리가 부러졌습니다. 그런데 이 일이 오히려 좋은 일이 되었는데, 아들이 다친 다리 때문에 전쟁에 나가지 않은 것입니다. '변방 노인의 말'이라는 뜻의 새옹지마는 이처럼 사람의 좋은 일과 나쁜 일은 변화가 많아서 예측하기

어렵다는 것을 나타낼 때 사용합니다. 새옹지마의 이치를 잘 받아들이는 사람은 힘든 일을 만났을 때 하느님을 쉽게 원망하지 않고 그분의 섭리를 신뢰할 것입니다. 스테파노의 순교가 박해의 위기로 그치지 않고 복음 선포의 기회가 되었던 것처럼 말이지요. '나'의 신앙의 여정 안에서 새옹지마와도 같은 하느님의 섭리를 느꼈던 경우는 없었을까요?

2. 신앙의 증인이 열두 사도에서 일곱 봉사자로 계승되었습니다. 이렇게 신앙은 세세 대대로 전해지는 것입니다. 우리가 신앙 고백에서 '하나이요 거룩하고 보편되며 사도로부터 이어 온 교회를 믿나이다.'라고 고백하는 것도 바로 이러한 측면이 중요하기 때문입니다. 그렇다면 '나'의 신앙은 누구로부터 물려받았는지요? 각자의 삶에서 신앙을 전수한 이들을 떠올려 봅시다. 그리고 앞으로 누구에게 신앙을 전수해 주고 싶은지를 생각해 봅시다.

3. 에티오피아 내시는 이사야 예언서를 홀로 읽으면서 많은 의문을 지녔지만 그 뜻을 헤아릴 수가 없었습니다. 그런데 필리포스가 성령의 이끄심으로 내시에게 다가가 성경 말씀의 의미를 해석해 주었고, 더 나아가 예수님에 관한 복음을 전해 주었습니다. 우리 각자의 삶에서도 이와 비슷한 경험이 있을 것입니다. 신앙적인 의문이 명쾌하게 풀렸던 경험을 떠올려 봅시다.

성 스테파노의 순교(부분, 미카엘 다마스키노스)

제5과

사도 9,1-11,18

다른 민족을 향한 복음 선포의 태동

성 바오로의 회심(부분), 스피넬로 아레티노, 1391년경, 메트로폴리탄 미술관, 뉴욕, 미국.

● 말씀: 사도 9,1-9

9 **1**사울은 여전히 주님의 제자들을 향하여 살기를 내뿜으며 대사
제에게 가서, **2**다마스쿠스에 있는 회당들에 보내는 서한을 청하였
다. 새로운 길을 따르는 이들을 찾아내기만 하면 남자든 여자든 결
박하여 예루살렘으로 끌고 오겠다는 것이었다. **3**사울이 길을 떠나
다마스쿠스에 가까이 이르렀을 때, 갑자기 하늘에서 빛이 번쩍이며
그의 둘레를 비추었다. **4**그는 땅에 엎어졌다. 그리고 "사울아, 사
울아, 왜 나를 박해하느냐?" 하고 자기에게 말하는 소리를 들었다.
5사울이 "주님, 주님은 누구십니까?" 하고 묻자 그분께서 대답하셨
다. "나는 네가 박해하는 예수다. **6**이제 일어나 성안으로 들어가거
라. 네가 해야 할 일을 누가 일러 줄 것이다." **7**사울과 동행하던 사
람들은 소리는 들었지만 아무도 볼 수 없었으므로 멍하게 서 있었
다. **8**사울은 땅에서 일어나 눈을 떴으나 아무것도 볼 수가 없었다.
그래서 사람들이 그의 손을 잡고 다마스쿠스로 데려갔다. **9**사울은
사흘 동안 앞을 보지 못하였는데, 그동안 그는 먹지도 않고 마시지
도 않았다.

함께 읽을 성경: 사도 9,10-11,18

● 이끎말

사도행전 9장 1절에서 11장 18절까지는 다른 민족에게 복음 선포가 열리게 될 배경, 곧 태동기를 다룹니다. 복음 선포의 태동기를 이끌 두 중심 인물은 우리가 '바오로'라고 알고 있는 사울과 열두 사도의 수장인 베드로입니다. 이처럼 하느님께서는 모든 민족들을 향한 복음 선포를 위하여 먼저 초대 교회의 두 기둥인 사울과 베드로를 새롭게 변화시켜 주십니다.

사울과 다마스쿠스 회심 사건

다마스쿠스 회심 사건은 그동안 신앙에 대해 사울이 지녀 온 관점을 완전히 바꾸어 버렸습니다. 그에게 있어서 신앙은 유다인이거나 적어도 할례를 받아 이스라엘의 율법을 지키는 유다교 개종자만이 누릴 수 있는 것이었습니다. 이런 사고방식을 지닌 그에게 예수님을 믿고 "새로운 길"(사도 9,2)을 따르는 그리스도인들은 저주를 받아 마땅하였습니다. 그들이 믿는 예수님부터가 율법의 저주를 받아 십자가에 못 박혀 죽으셨기 때문입니다(갈라 3,13 참조). 그래서 사울은 스테파노를 죽이는 일에 찬동하였고 교회를 없애 버리려고 집집마다 들어가 남자든 여자든 끌어다가 감옥에 넘겼습니다. 그런데 반전이 일어납니다. 사울이 다마스쿠스를 향해 가던 길에 예수님을 만난 것입니다. 저주를 받아 죽은 줄로만 알았던 예수님이 생생하게 살아 계시니, 사울이 받았을 충격은 충분히 미루어 짐작할 수 있을 것입니다. 예수님이 살

예수님을 만난 사울(부분), 루카 디 토메, 1380년대, 시애틀 미술관, 미국.

아 계신다는 것은 그분이 하느님으로부터 저주받은 것이 아님을 뜻합니다. 또 절대적 가치라고 여겨 왔던 율법이 사실은 신앙의 전부가 아님을 뜻하는 것이기도 합니다. 사울이 받은 충격이 엄청나다는 것은 그가 사흘 동안 먹지도 않고 마시지도 않았다는 데에서 잘 보여 줍니다. 여기서 사흘이라는 기간은 변화에 필요한 시간을 뜻합니다. 요나가 사흘 동안 큰 물고기 안에 갇혀 있으면서 회심한 것처럼 이제 사울은 살기를 내뿜는 박해자에서 성령이 충만한 선포자로 바뀝니다. 예수님께서 사흘 만에 부활하신 것처럼 사울은

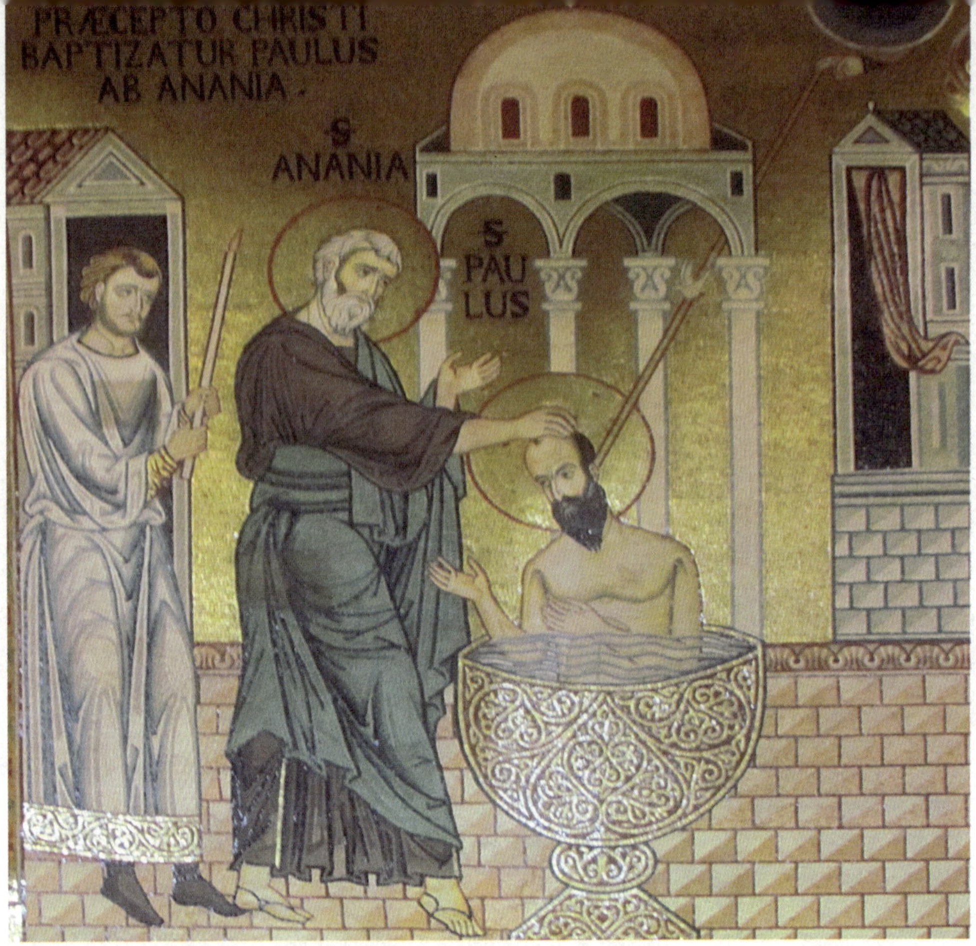

바오로가 하나니아스에게서 세례를 받다, 팔라티나 궁전 성당, 팔레르모, 이탈리아.

사울의 회심

1. 사울은 예수님의 제자들을 향하여 "살기를 내뿜으며" 다마스쿠스로 나아간다(사도 9,1-2).

2. 다마스쿠스 가까이 이르러, 사울은 하늘에서 번쩍인 빛에 의해 눈이 먼다(사도 9,3-9).

3. 사울은 '아라비아'에서 시간을 보낸다. 다마스쿠스에서는 광주리에 실려 달아나야만 했다(사도 9,23-25; 2코린 11,32-33; 갈라 1,17).

4. 그는 케파를 만나기 위해 예루살렘으로 간다(사도 9,26; 갈라 1,18-20).

5. 예루살렘에서 소동이 일어나자, 그를 타르수스로 보낸다(사도 9,28-30; 갈라 1,21).

성도들에게 못된 짓을 하는 자에서 예수님의 이름을 알리는 그릇으로 바뀝니다.

또 하나 살펴볼 점은 사울이 사흘 동안 앞을 볼 수 없었다는 것입니다. 이는 그가 그동안 지녀 온 잘못된 시선에서 벗어나기 위해 필요한 과정이었습니다. 본디 제대로 말을 하기 위해서는 침묵이라는 과정이 필요하고, 제대로 듣기 위해서는 고요함 속에 머물러야 합니다. 바로 이러한 이치에 따라 예수님께서는 바오로의 시선을 사흘 동안 거두심으로써 '시선의 변화'를 이끄십니다.

베드로의 새로운 시선

시선의 변화는 베드로에게도 일어납니다(사도 10장 참조). 해안 도시인 카이사리아에 백인대장 코르넬리우스라는 이가 살았습니다. 어느 날 그는 환시 중에 천사의 명을 받아 야포에 있는 베드로를 자기 집에 초대합니다. 이 무렵에 베드로 역시 환시를 보게 되는데, 환시 속에서 정결하지 못한 짐승들을 잡아먹으라는 하늘로부터의 소리를 듣습니다. 이에 베드로는 "주님, 절대 안 됩니다. 저는 무엇이든 속된 것이나 더러운 것은 한 번도 먹지 않았습니다."(사도 10,14) 하고 대답하지만, "하느님께서 깨끗하게 만드신 것을 속되다고 하지 마라."(사도 10,15)라는 소리를 듣게 됩니다. 베드로는 이 의미가 무엇인지 잘 깨닫지 못하였습니다. 그러나 이후 코르넬리우스의 집에 방문하였을 때 코르넬리우스가 보게 된 환시의 내용을 들으며 큰 깨달음을 얻습

코르넬리우스 백인대장의 세례, 페데리코 주카로, 1580-1585년경, 파올리나 소성당, 바티칸.

베드로가 사마리아와 지중해 연안에서 복음을 전하다

1. 베드로는 리따로 가서 중풍 병자 애네아스의 병을 고친다. 이를 계기로 리따와 사론의 모든 주민이 주님께 돌아선다(사도 9,32-35).

2. 베드로는 야포로 가서 타비타를 살린다. 그러고 나서 '바닷가'에 있는 무두장이 시몬의 집에 머문다(사도 9,36-43). 그는 그 집 옥상에 기도하러 올라갔다가 환시를 본다(사도 10,6.9-16).

3. 카이사리아에서 베드로는 코르넬리우스를 만난다(사도 10,24-48).

4. 예루살렘으로 돌아온 베드로는 예루살렘 교회에 자신의 선교 활동을 보고한다(사도 11,1-18).

니다. 베드로가 사람들에게 다음과 같이 고백합니다. "나는 이제 참으로 깨달았습니다. 하느님께서는 사람을 차별하지 않으시고, 어떤 민족에서건 당신을 경외하며 의로운 일을 하는 사람은 다 받아 주십니다."(사도 10,34-35).

하느님께서 모든 짐승을 깨끗하게 창조하신 것처럼, 유다인이나 유다교 개종자만이 아니라, 모든 이들을 구원으로 이끄시기를 원하신다는 사실을 깨달은 것입니다. 이는 앞서 살펴본 사울처럼 베드로에게도 매우 충격적인 일이었습니다. 그럼에도 베드로는 자신이 그동안 지녀 온 신앙관을 깨부수는 이 메시지를 단순하고 열린 마음으로 받아들였고 사람들에게 이를 선포하였습니다. 그러고 나자 하느님께서도 이에 응답하십니다. 베드로가 이 말을 하고 있을 때 말씀을 듣는 다른 민족 사람들에게 성령이 내려진 것입니다. 베드로는 예루살렘에 올라가 이 모든 일을 교회 공동체에 보고하였고, 이로써 다른 민족을 향해 복음 선포를 본격적으로 할 수 있는 준비가 다 이루어졌습니다.

● 묵상

1. 사울은 예수님을 만나기 전까지는 "주님의 제자들을 향하여 살기를 내뿜으며"(사도 9,1) 교회를 박해하던 사람이었습니다. 하느님을 믿는 사람이, 그것도 그 누구보다도 충실하게 율법을 지키던 사람이 '살기'를 지녔다

는 것은 모순처럼 느껴집니다. 그러나 우리 삶을 가만히 들여다보면 잘못된 열성熱誠이 다른 이에게 폭력이 되고 심지어 '살기'를 내뿜게 할 위험이 있다는 것을 알 수 있습니다. 가령 부부간에 갈등이 있을 때 한쪽만 옳고 다른 한쪽이 틀린 경우는 많지 않습니다. 저마다 열심히 가정을 위해 애를 쓰지만 지나친 열성, 잘못된 열성으로 배우자에게 상처를 주는 것입니다. 이는 비단 가정만이 아니라, 사회에서도 벌어지는 일입니다. 우리 각자의 삶 속에서 잘못된 열성으로 다른 이에게 상처를 준 적은 없었는지 반성합시다.

2. 사울은 회심을 한 이후 살기를 내뿜는 사람에서 성령이 충만한 선포자로, 예수님을 박해하며 성도들에게 못된 짓을 하는 자에서 예수님의 이름을 알리는 그릇으로 바뀌었습니다. '나'에게도 이런 비슷한 회심 사건은 없었는지 되돌아봅시다.

3. 사울은 편협한 자신의 시선을 바꾸기까지 사흘 동안 눈을 뜨지 못하였습니다. 베드로의 시선은 스스로 환시를 겪고 코르넬리우스의 경험을 들었을 때 변화될 수 있었습니다. 교회와 사회 안에서도 이런 시선의 변화가 필요합니다. 하느님께서는 사람을 차별하지 않으시지만 우리의 좁은 시선 때문에 지역 간의 갈등, 남녀 차별, 부유한 계층과 가난한 이들 간에 존재하는 넘을 수 없는 벽 등이 존재하는 것입니다. 그렇다면 우리의 좁고 편협한 시선을 어떻게 하면 변화시킬 수 있을까요?

예수님을 만난 사울(부분, 루카 디 토메)

제6과

사도 11,19-12,25

박해 속에서의 성장

성 바르나바 이콘, 1921년, 성 바르나바 박물관, 살라미스, 키프로스.

● 말씀: 사도 11,19-26

11 **19**스테파노의 일로 일어난 박해 때문에 흩어진 이들이 페니키
아와 키프로스와 안티오키아까지 가서, 유다인들에게만 말씀을 전
하였다. **20**그들 가운데에는 키프로스 사람들과 키레네 사람들도 있
었는데, 이들이 안티오키아로 가서 그리스계 사람들에게도 이야기
하면서 주 예수님의 복음을 전하였다. **21**주님의 손길이 그들을 보
살피시어 많은 수의 사람이 믿고 주님께 돌아섰다. **22**예루살렘에
있는 교회는 그들에 대한 소문을 듣고, 바르나바를 안티오키아로 가
라고 보냈다. **23**그곳에 도착한 바르나바는 하느님의 은총이 내린
것을 보고 기뻐하며, 모두 굳센 마음으로 주님께 계속 충실하라고
격려하였다. **24**사실 바르나바는 착한 사람이며 성령과 믿음이 충만
한 사람이었다. 그리하여 수많은 사람이 주님께 인도되었다. **25**그
뒤에 바르나바는 사울을 찾으려고 타르수스로 가서, **26**그를 만나
안티오키아로 데려왔다. 그들은 만 일 년 동안 그곳 교회 신자들을
만나며 수많은 사람을 가르쳤다. 이 안티오키아에서 제자들이 처음
으로 '그리스도인'이라고 불리게 되었다.

함께 읽을 성경: 사도 11,27-12,25

이끎말

앞선 9장 1절에서 11장 18절에서 다른 민족에게 복음 선포가 열리게 되는 배경을 사울(바오로)과 베드로에게 초점을 두고 이야기를 전한 루카 복음사가는 이제 11장 19절부터 12장 전체에 걸쳐 안티오키아 교회와 예루살렘 교회에 관한 몇 가지 이야기를 들려줍니다. 이는 복음 선포가 사울과 베드로 두 인물에게만 국한된 것이 아니라, 다른 모든 이들을 포함한 교회 공동체 전체의 일이었음을 알리기 위한 것입니다.

위로의 아들 바르나바

바르나바는 "위로의 아들"(사도 4,36)이라는 뜻입니다. 실제로 그가 사울을 대하는 모습을 보면 정녕 위로의 아들임을 알 수 있습니다.

사울이 회심하였지만 그 누구도 그를 받아들이지 않았습니다. 동족인 이스라엘 사람들로부터는 배신자라는 낙인이 찍혀 쫓기는 신세가 되었고, 그리스도 신자들로부터는 여전히 불신과 오해에서 벗어나지 못하여 교회 공동체에 머물 수 없었습니다. 예루살렘을 찾아가 교회의 지도자들을 만났지만 정식으로 선교사가 되지 못한 채 고향 타르수스로 돌아가야만 하였습니다. 그렇게 보낸 세월이 10년이었습니다.

이러한 사울이 선교사로서 활동할 수 있도록 도와준 이가 바로 바르나바입니다. 예루살렘에서 모든 신자가 사울을 두려워할 때 바르나바만이 그

바오로 사도(우)와 바르나바 사도(좌), 하기오스 판텔레이몬 성당, 니코시아, 키프로스.

를 받아들여 사도들에게 인도하였습니다. 또 자신이 안티오키아에 파견되었을 때에 그곳과 가까운 타르수스에 있는 사울을 찾아갑니다. 그리하여 철저한 외로움 속에 있던 사울을 이끌고 안티오키아뿐 아니라 소아시아 일대를 함께 다니며 선교 활동을 합니다. 루카 복음사가가 전하는 바와 같이 바르나바는 진정으로 착한 사람이며 성령과 믿음이 충만하였던 것입니다.

교회의 연대

스테파노의 순교를 계기로 박해가 일어났지만, 그 일을 계기로 오히려 안티오키아에 교회가 세워집니다. 어느 한 도시에 교회가 세워진다는 것은 쉬운 일이 아니었기에 예루살렘 교회는 안티오키아 교회가 기초를 튼튼히

시리아의 안티오키아에서 칼키스로 이어지는 고대 로마 가도.

할 수 있도록 바르나바를 그곳에 파견하였습니다.

한편 그 무렵에 예루살렘에서는 큰 기근이 일어납니다(46-48년경). 그래서 곳곳에 흩어져 있던 제자들이 나서서 예루살렘 교회에 구호 헌금을 보내기로 결의합니다. 그리하여 안티오키아에서 선교 활동을 하고 있었던 바르

바오로와 바르나바

1. 스테파노가 박해를 받자, 흩어진 그리스도인 몇몇은 키프로스와 키레네로 간다. 훗날 그들은 안티오키아까지 가서 그리스계 사람들을 개종시키기 시작한다(사도 11,19-21).

2. 안티오키아에서 급속히 성장한 교회를 알아보도록, 바르나바가 예루살렘에서 파견된다(사도 11,22-24).

3. 바르나바는 바오로를 데려오기 위해 타르수스로 간다(사도 11,25-26).

4. 그들은 안티오키아에서 한 해 동안 머문다. 안티오키아에 있는 그리스도인들은 기근으로 고생하는 예루살렘 교회를 돕기 위해 헌금을 모은다(사도 11,27-29).

5. 사울과 바르나바(와 티토)는 그 헌금을 들고 예루살렘으로 간다. 그곳에서 그들은 다른 민족에게 복음을 전하라는 사명을 받는다(사도 11,30; 12,24-25; 갈라 2,1-10).

나바와 사울 역시 이를 그대로 실행하여 헌금을 예루살렘에 보냈습니다. 이와 관련해 덧붙여 말하자면 바오로 서간에서 살펴볼 수 있듯이 사울은 그 이후로도 가난을 겪어야만 했던 예루살렘 교회를 위하여 모금 활동을 계속하였습니다(참조: 로마 15,26-28; 1코린 16,1-4; 2코린 8,1-9,15).

어쨌든 예루살렘 교회는 안티오키아 교회를 신앙적으로 이끌어 주고, 안티오키아 교회는 예루살렘 교회의 생계에 보탬을 주었습니다. 이처럼 초대 교회는 서로가 연대를 이루는 가운데 성장할 수 있었습니다.

계속되는 박해와 담대한 복음 선포

스테파노의 순교 이후에 예수님의 열두 제자 가운데 하나이며 요한 사도의 형인 야고보 사도마저도 순교하는 일이 발생하였습니다. 또 이미 한차례 감옥에 갇혔던(사도 4,3 참조) 베드로 사도도 다시 붙잡혀 감옥에 갇힙니다(사도 12,1-5 참조). 교회의 지도자들까지도 목숨의 위협을 받고 있는 상황에서 믿음을 지킨다는 것은 여간 어려운 일이 아닐 수 없습니다.

그러나 교회는 이러한 박해에도 오히려 베드로를 위하여 끊임없이 기도하며 더욱 굳건한 믿음을 보여 줍니다. 하느님께서도 이러한 믿음에 응답하시어 베드로에게 천사를 보내시고 쇠사슬을 풀고 자유롭게 감옥에서 나올 수 있게 하셨습니다. 그리고 박해의 주역이었던 헤로데의 목숨을 앗아 가십니다. 언뜻 보면 세상의 권력에 공포심을 느껴 보이지 않는 하느님의 권세를 잊기 마련이었을 터인데도, 초대 교회는 더욱 담대하게 복음을 선포하면

성 베드로의 해방, 안토니오 드 벨리스, 1640년대 초, 소재 불명.

서 세상의 권력에 굴하지 않는 모습을 보여 주었습니다. 그리고 하느님께서는 그러한 믿음에 화답하여 당신의 영광을 드러내셨습니다.

묵상

1. 사울은 회심 후에 동족으로부터 쫓기는 신세가 되었고 교회로부터도 받아들여지지 못한 채 타르수스에서 고독한 세월을 보내야만 했습니다.

그런 그에게 바르나바가 찾아가 손을 내밀었을 때, 사울이 느꼈을 위로는 이루 말할 수 없었을 것입니다. 예수님으로부터 부르심을 받고도 아무런 일도 하지 못하고 있다는 무력감, 사랑하는 이들로부터 받아들여지지 않는다는 외로움, 정작 자신을 부르셨음에도 선교사로 활동할 수 있는 여건을 마련해 주지 않으시는 예수님에 대한 원망 등을 떨쳐 내고 안티오키아에서 복음 선포를 할 수 있었던 것은 바르나바의 위로 덕분입니다. 살아오면서 '나'에게 큰 위로를 주었던 은인을 떠올려 봅시다.

2. 예루살렘 교회와 안티오키아 교회는 지리적으로는 떨어져 있고, 교회의 구성원과 성격 또한 각각 달랐습니다. 그러나 두 교회는 서로를 형제처럼 대하며 연대하였습니다. 오늘날 우리 교회는 어떠한지요? 우리가 속한 신심 단체, 본당, 교구만을 생각하는 것은 아닌지요? 단체와 단체 간에 연대하고, 본당 간에 서로 협력하고, 더 나아가 교구 및 다른 나라에 있는 교회와 어떻게 연대하고 있을까요? 또 교회의 연대를 위해 필요한 것들로 무엇이 있을지 구체적으로 생각해 봅시다.

3. 초대 교회는 신앙의 위협 속에서도 하느님에 대한 믿음을 저버리지 않고 이를 잘 극복하였습니다. 오늘날 우리의 신앙을 위협하는 것으로는 어떤 것들이 있는지, 그 위협들을 극복하기 위해 필요한 것은 무엇인지 생각해 봅시다.

성 베드로의 해방(부분, 안토니오 드 벨리스)

제7과

사도 13,1-14,28

바오로의 1차 선교 여행

세르기우스 바오로 총독의 회심(라파엘로 원작), 진 시몬, 동판화, 웰컴 컬렉션, 런던, 영국.

● 말씀: 사도 13,4-12

13 **4**성령께서 파견하신 바르나바와 사울은 셀레우키아로 내려간
다음, 거기에서 배를 타고 키프로스로 건너갔다. **5**그리고 살라미스
에 이르러 유다인들의 여러 회당에서 하느님의 말씀을 선포하였다.
그들은 요한을 조수로 데리고 있었다. **6**그들이 온 섬을 가로질러 파
포스에 다다랐을 때에 마술사 한 사람을 만났는데, 유다인으로서 바
르예수라고 하는 거짓 예언자였다. **7**그는 슬기로운 사람인 세르기
우스 바오로 총독의 수행원 가운데 하나였다. 총독은 바르나바와 사
울을 불러 하느님의 말씀을 듣기를 원하였다. **8**그러나 그리스 말로
마술사를 뜻하는 그 엘리마스는 총독이 믿지 못하게 막으려고 그들
을 반대하고 나섰다. **9**그때에 바오로라고도 하는 사울이 성령으로
가득 차 그를 유심히 보며 **10**말하였다. "온갖 사기와 온갖 기만으
로 충만한 자, 악마의 자식, 모든 정의의 원수! 당신은 언제까지 주
님의 바른길을 왜곡시킬 셈이오? **11**이제 보시오, 주님의 손이 당신
위에 놓여 있소. 당신은 눈이 멀어 한동안 해를 보지 못할 것이오."
그러자 즉시 짙은 어둠이 그를 덮쳐, 그는 사방을 더듬으며 자기 손
을 잡아 이끌어 줄 사람을 찾았다. **12**그때에 그 광경을 본 총독은
주님의 가르침에 깊은 감동을 받아 믿게 되었다.

함께 읽을 성경: 사도 13,1-3; 13,13-14,28

이끎말

사도행전 13장부터 본격적으로 다른 민족들을 향한 복음 선포가 시작됩니다. 그리고 그 중심에는 지금까지 사울이라고 소개되었던 바오로의 활약이 있습니다. 그 가운데 13장에서 14장의 내용은 바오로의 1차 선교 여행입니다(46-49년). 이 여행의 특징은 크게 두 가지입니다. 하나는 바오로와 함께 바르나바와 마르코가 동행하였다는 점입니다. 다른 하나는 바르나바의 고향인 키프로스섬과 바오로의 고향 타르수스와 가까운 도시들인 피시디아의 안티오키아, 이코니온, 리스트라에 선교하였다는 것입니다. 아마도 첫 번째 여행인 만큼 친숙한 지역을 선교지로 삼았을 것이라 추측할 수 있습니다.

다섯 선교사의 명단

사도행전에는 명단이 세 차례 등장합니다. 첫 번째는 교회의 시대를 여는 열두 사도의 명단입니다(사도 1,12-26). 두 번째 명단은 일곱 봉사자입니다(사도 6,1-7). 이 명단 이후에 복음이 예루살렘과 유다 지역을 넘어 시리아의 안티오키아까지 퍼지게 됩니다. 마지막 다섯 선교사의 명단(사도 13,1-3)이 소개되고 난 뒤에는 다른 민족들을 향한 복음 선포가 소아시아와 그리스, 로마에까지 퍼지게 됩니다.

세 번의 명단은 예수님의 명령에 따라 생각해 보아야 합니다. "성령께

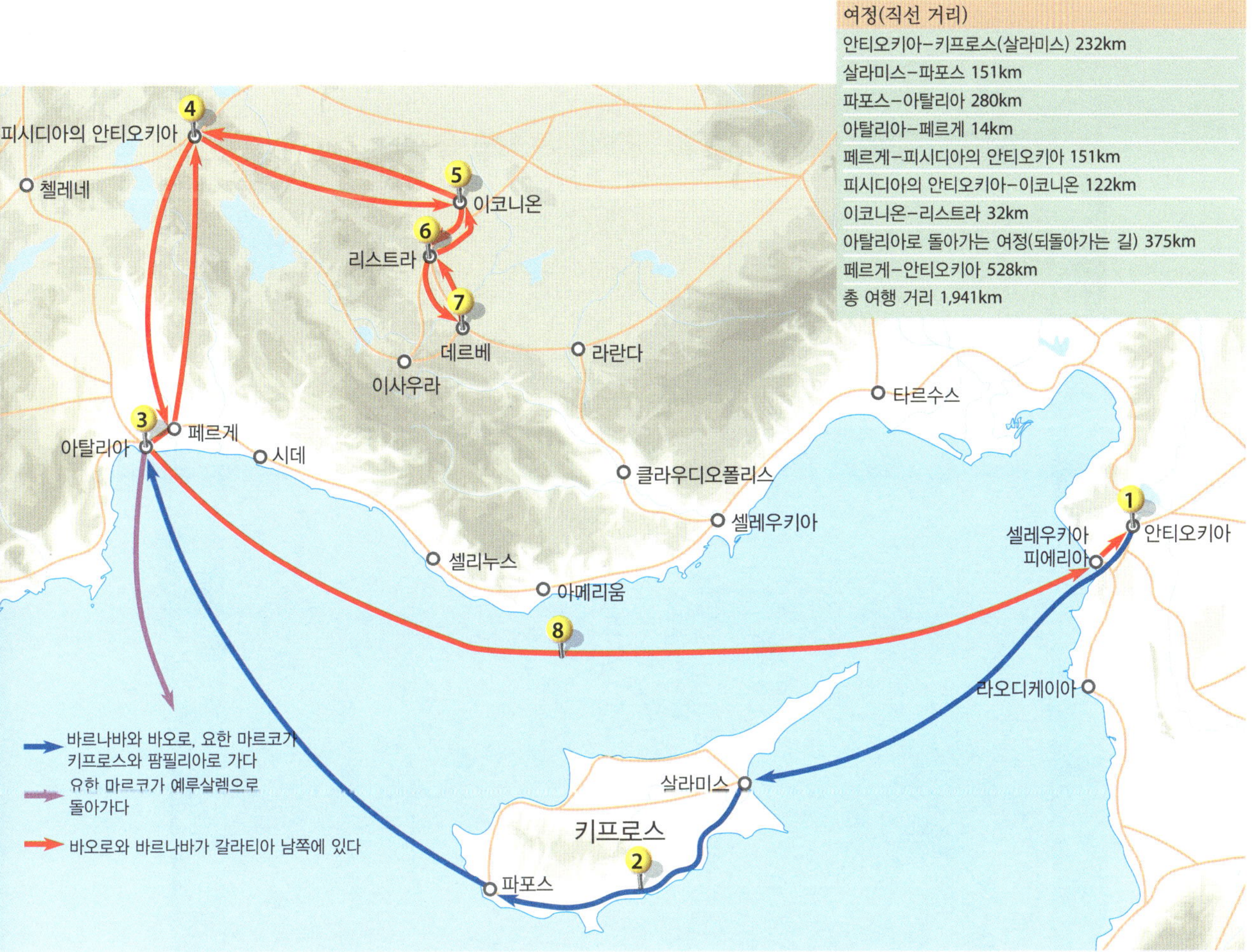

갈라티아 남쪽 선교

1. 바오로와 바르나바, 마르코라고 하는 요한은 안티오키아 회중에게서 안수를 받고 선교사로 파견된다(사도 13,1-3).

2. 그들은 키프로스섬을 여행하며 선교한다. 세르기우스 바오로 총독이 개종한다(사도 13,4-12).

3. 그들은 팜필리아의 페르게로 가고, 그곳에서 요한 마르코와 헤어진다(사도 13,13).

4. 피시디아의 안티오키아에서 바오로는 회당에 들어가 설교한다. 결국 그들은 그 도시에서 쫓겨난다(사도 13,14-52).

5. 그들은 "전과 마찬가지로" 이코니온에서도 머물지만, 생명의 위협을 느끼고 그곳을 떠난다(사도 14,1-5).

6. 리스트라에서 바르나바와 바오로는 신들로 오해받는다. 바오로는 거의 죽을 뻔한다(사도 14,8-20).

7. 데르베에서 그들은 '수많은 사람을 제자로 삼았다'(사도 14,21). 그들은 공동체를 격려하고 원로들을 임명하고서는 자신들이 왔던 곳으로 돌아간다(사도 14,21-23).

8. 그들은 페르게와 아탈리아를 거쳐 안티오키아로 돌아간다(사도 14,24-28).

프로코로스 부제와 성 요한, 소르나샷 필사 성경, 1224년, 마테나다란 고문서 박물관, 예레반, 아르메니아.

서 너희에게 내리시면 너희는 힘을 받아, 예루살렘과 온 유다와 사마리아, 그리고 땅끝에 이르기까지 나의 증인이 될 것이다."(사도 1,8). 예수님의 증인이 되는 이들은 우선적으로 사도들이었습니다. 그런데 일곱 봉사자와 다섯 선교사의 명단이 이어지면서 증인들의 수가 늘어납니다. 그리고 증인이 사도들로만 한정된 것이 아니라 믿음을 이어받은 다른 이들에게까지 확장되면서 복음 선포의 지역도 점차 넓어졌습니다.

세 명단에는 공통적으로 등장하는 단어가 있습니다. '기도'와 '성령'입니다. 바로 이 점에서 우리는 증인이 되기 위한 요건을 알 수 있습니다. 우선 증인은 믿음을 가지고 기도하는 사람이어야 합니다. 그리고 증인은 하느님에게 뽑혀서 성령의 힘을 받아야 합니다. 기도 없이는, 성령 없이는 그 누구도 예수님을 담대하고 기쁜 마음으로 증언할 수 없는 법입니다.

사울과 바오로

루카 복음사가는 1차 선교 여행을 전하는 가운데 사울을 '바오로'라고 달리 표현하기 시작합니다. 사실 바오로는 '사울'이라는 히브리식 표현을 로마 방식으로 표기한 것입니다. 많은 이들이 사울이 '바오로'로 바꾸어 소개되는 시점을 그의 회심이라고 생각하지만 그렇지가 않습니다.

첫 번째 선교 여행을 떠나 맨 처음 도착한 키프로스 섬에서 바르예수라고도 불리는 마술사 엘리마스와의 대결 이야기에서 루카 복음사가는 사울을 '바오로'라고 부릅니다. 왜 하필 이 시점이었을까요?

성경에서 한 사람의 이름이 바뀐다는 것은 그의 정체성과 사명이 바뀌는 것을 뜻합니다. 아브람이 아브라함으로 바뀌면서 모든 믿는 이들의 조상이 되었고, 시몬이 베드로라고 불리며 교회의 반석이 됩니다. 사울도 마찬가지입니다. 이제는 그는 더 이상 유다인만을 위한 선교사가 아니라, "이민족들의 사도"(로마 11,13)입니다. 그리고 이러한 변화에 '사울'이라는 히브리식 이름보다는 '바오로'라는 로마식 이름이 그에게 더 어울렸던 것입니다.

절반의 성공을 거두는 선교 활동

바오로의 1차 선교 여행은 어떤 결과를 얻었을까요? 한마디로 절반의 성공을 거두었다고 할 수 있습니다.

바오로와 바르나바는 피시디아의 안티오키아의 회당에서 열성적인 설교로 다른 민족 사람들에게 큰 감동을 주었지만, 유다인들의 선동으로 박해를 받으며 내쫓김을 당합니다. 이코니온에서도 마찬가지였습니다.

리스트라에서는 앉은뱅이를 일어나 걷게 하였고 우상을 섬기는 이들을 설득하여 복음을 선포하였지만, 안티오키아와 이코니온에서 유다인들이 몰려와 군중을 설득하고 바오로에게 돌을 던졌습니다.

이렇게 바오로의 선교 활동은 성공 가도를 달린 것이 아니었습니다. 그럼에도 바오로와 바르나바는 기뻐하며 하느님을 찬양하였습니다.

리스트라에서의 성 바오로와 바르나바, 아드리안 판 스탈벰트, 1610-1620년대, 테델 미술관, 프랑크푸르트, 독일.

묵상

1. 예수님의 증인은 믿음을 가지고 기도하는 사람이어야 하고, 성령의 힘에 의지할 줄 알아야 합니다. 하루하루 얼마나, 어떻게 기도를 하고 있는지 생각해 봅시다. 그리고 일상생활 안에서 '나'의 판단이나 힘에 의지하지 않고, '성령'의 인도와 그분의 힘에 의지하여 살아가기 위해서는 어떤 자세가 필요한지 생각해 봅시다.

2. 바오로는 세 번의 선교 여행을 하였습니다. 또 로마에 호송되어 가

는 길에서도 선교 활동을 펼쳤습니다. 이렇게 네 차례 이어진 선교 여행은 상당히 고된 일이었습니다. 바오로가 직접 증언한 바에 따르면 이러합니다. "자주 여행하는 동안에 늘 강물의 위험, 강도의 위험, 동족에게서 오는 위험, 이민족에게서 오는 위험, 고을에서 겪는 위험, 광야에서 겪는 위험, 바다에서 겪는 위험, 거짓 형제들 사이에서 겪는 위험이 뒤따랐습니다. 수고와 고생, 잦은 밤샘, 굶주림과 목마름, 잦은 결식, 추위와 헐벗음에 시달렸습니다."(2코린 11,26-27). '나'는 예수님을 전하기 위하여 어떤 어려움을 겪었는지 생각해 봅시다.

3. 사도 바오로의 선교 여행은 절반의 성공을 이루었습니다. 이는 곧 하느님께서 도와주신다고 해도 항상 성공하는 것이 아님을 의미합니다. 사실 예수님의 경우도 마찬가지입니다. 많은 유다인이 예수님을 믿었다가도 그 믿음을 저버렸고, 바리사이나 율법 학자들의 반대에 부딪혀야만 하였습니다. 그러나 우리 눈에는 성공과 실패의 연속처럼 보이는 역사 안에서 하느님께서는 온전한 성공을 거두십니다. 바오로가 이룬 절반의 성공이 쌓여 오늘날 온 세계에 복음이 전해졌고, 예수님께서 십자가에서 철저하게 패배하심으로써 부활이라는 성공이 이루어졌습니다. 그렇다면 우리는 어떤가요? 믿지 않는 이들이 보기에는 보잘것없이 보여도 신앙 안에서 성공적인 삶을 살고 있다고 여기는지요?

세르기우스 바오로 총독의 회심(부분, 라파엘로)

제8과

사도 15,1-35

예루살렘 사도 회의

예수님께서 사도들에게 지상 명령을 하시다,
라이헤나우학파의 장인, 1010년경, 바이에른 주립 도서관, 뮌헨, 독일.

● 말씀: 사도 15,1-6

15 **1**유다에서 어떤 사람들이 내려와, "모세의 관습에 따라 할례
를 받지 않으면 여러분은 구원을 받을 수 없습니다." 하고 형제들을
가르쳤다. **2**그리하여 바오로와 바르나바 두 사람과 그들 사이에 적
지 않은 분쟁과 논란이 일어나, 그 문제 때문에 바오로와 바르나바
와 신자들 가운데 다른 몇 사람이 예루살렘에 있는 사도들과 원로들
에게 올라가기로 하였다. **3**이렇게 안티오키아 교회에서 파견된 그
들은 페니키아와 사마리아를 거쳐 가면서, 다른 민족들이 하느님께
돌아선 이야기를 해 주어 모든 형제에게 큰 기쁨을 주었다. **4**그들은
예루살렘에 도착하여 교회와 사도들과 원로들의 영접을 받고, 하느
님께서 자기들과 함께 해 주신 모든 일을 보고하였다. **5**그런데 바리
사이파에 속하였다가 믿게 된 사람 몇이 나서서, "그들에게 할례를
베풀고 또 모세의 율법을 지키라고 명령해야 합니다." 하고 말하였
다. **6**사도들과 원로들이 이 문제를 검토하려고 모였다.

함께 읽을 성경: 사도 15,7-35

이끎말

지금까지는 복음 선포 활동의 장애물은 박해였습니다. 그런데 교회 밖에서 오는 이러한 어려움에 더하여 이제는 교회 안에서도 걸림돌이 찾아옵니다. 다른 민족들을 향한 복음 선포에 대해 교회 안의 구성원마다 생각이 첨예하게 달랐던 것입니다. 교회는 이러한 내부적인 갈등을 의연하게 대처합니다. 사도들과 원로들이 다 함께 모여 이 문제를 다루고 성령의 힘을 받아 해결 방안을 결의한 것입니다. 이것을 두고 '예루살렘 사도 회의'(49년)라고 부르는데, 15장은 바로 이것을 다룹니다.

할례나 율법과는 상관없이 믿음만으로

초대 교회 안에는 수구파 유다인들이 다수 있었습니다. 그 가운데 예루살렘에서 안티오키아로 내려온 이들이 율법과 유다교의 관습을 지키지 않으

예수님과 열두 사도, 타데오 디 바르톨로, 1400년경, 메트로폴리탄 미술관, 뉴욕, 미국.

면 구원을 받을 수 없다고 새 신자들에게 가르쳤습니다. 이에 이민족 선교에 전념하고 있었던 바오로와 바르나바 두 사람은 그들과 대립각을 세울 수밖에 없었고 안티오키아 교회 안에서 이들 사이에 갈등이 불거졌습니다. 결국 안티오키아 교회는 바오로와 바르나바를 중심으로 하는 대표단을 예루살렘의 사도들과 원로들에게 보내고 예루살렘 사도 회의가 열리게 됩니다.

사도 회의에서의 핵심 사안은 다른 민족들이 구원을 받기 위해서는 율법에 따라 할례를 받아야 하는가 하는 점입니다. 이 문제에 대해 사도 회의는 오랜 논의를 하였는데, 그 결론은 다음과 같습니다.

"성령과 우리는 다음의 몇 가지 필수 사항 외에는 여러분에게 다른 짐을 지우지 않기로 결정하였습니다. 곧 우상에게 바쳤던 제물과 피와 목 졸라 죽인 짐승의 고기와 불륜을 멀리하라는 것입니다. 여러분이 이것들만 삼가면 올바로 사는 것입니다."(사도 15,28-29).

이로써 초대 교회는 믿는 이라면 누구나 할례나 율법과는 상관없이 구

원을 받을 수 있음을 공식적으로 선포합니다. 이는 매우 역사적인 사건으로써 바오로 역시 자신의 서간들에서 이 내용을 여러 차례 강조하였습니다(참조: 로마 3,28; 갈라 2,16; 필리 3,9).

문제의 해결은 소통, 소통의 힘은 성령

여러 사람이 함께 하는 공동체 안에서 문제가 발생하였을 때 일반 사회는 크게 두 가지 방식으로 해결을 합니다. 하나는 독재적인 방식으로서 공동체의 책임자가 일방적으로 문제 해결 방안을 제시하고 다른 구성원들이 이를 따르는 것입니다. 다른 하나는 민주주의적 방식인데 공동체가 다 함께 모여서 절차에 따라 다수결로 문제 해결 방안을 결정하는 것입니다.

그러나 초대 교회는 이와 다른 제3의 방식을 선택합니다. 공동체의 지도자들이 구성원 전체의 뜻을 받아 함께 모여서 소통한다는 점에서는 민주주의적인 방식을 택하지만, 다수결로 해결 방안을 결정짓지 않고 보편 교회의 수장인 베드로와 예루살렘 교회의 지도자인 야고보의 견해를 따릅니다. 곧 소통은 하되 결정은 교회의 지도자에게 맡기는 것입니다.

이렇게 결정짓는 이유는 다음의 두 가지입니다.

첫째는 어떤 결정이든지 그것은 하느님의 뜻에 맞는 것이어야 합니다. 베드로가 최고 의회에서 증언하였듯이 하느님의 말씀을 듣는 것보다 사람의 말을 듣는 것이 하느님 앞에 옳은 일이 아니기 때문입니다(사도 4,19 참조). 심지어 다수가 아니라 소수의 의견이라도 그것이 하느님의 말씀에 입각한 것

성 대 야고보, 귀도 레니, 1636-1638년경, 휴스턴 미술관, 미국.

성 베드로(부분), 루벤스, 1610-1612년, 프라도 미술관, 마드리드, 스페인.

이라면 교회는 그 의견을 따라야 하는 것입니다.

둘째는 의사 결정을 하는 과정은 오로지 성령의 이끄심에 의한 것이어야 합니다. 소통의 힘은 단순히 제도나 절차에 있는 것이 아닙니다. 물론 제도와 절차는 의사 결정 과정에서 상당히 중요한 것이기는 하지만 그것만으로는 충분하지 않습니다. 성령께서 그 제도와 절차에 함께하셔야 합니다. 오순절 성령 강림 사건에서 보았듯이 성령께서는 일치의 원천이시기 때문입니다. 다시 말하자면 다양한 사람들이 저마다의 고유한 문화와 사고방식 속에서 생각을 전한다 하여도 성령께서는 그것으로 서로가 이해할 수 없게 두시지 않는다는 것입니다.

따라서 교회 안의 소통은 성령의 힘을 토대로 합니다. 예루살렘 사도 회의의 결정 사항을 담은 편지에서 "성령과 우리는 다음의 몇 가지 필수 사항 외에는 여러분에게 다른 짐을 지우지 않기로 결정하였습니다."하고 말한 것은 바로 이러한 이치를 교회가 알고 있었기 때문입니다.

묵상

1. 초대 교회는 처음으로 내부적인 갈등을 겪어야 했습니다. 그리고 그 갈등을 해결하기 위해 열두 사도와 교회의 원로들이 한데 모여 논의하였습니다. 그런데 복음서를 보면 사도들은 그다지 성숙한 사람들이 아니었습니다. 자기들 안에서 누가 가장 큰 사람이냐를 두고 두 번이나 다투었고(참조: 루카 9,46; 22,24), 예수님의 이름으로 마귀를 쫓아내는 이들을 질투하기도 하였으며(루카 9,49 참조), 예수님의 오른편과 왼편에 앉게 해 달라며 윗자리를 두고 경쟁하였습니다(마르 10,35.41 참조). 그런데 이렇게 미숙했던 이들이 교회의 책임 있는 자리를 맡으면서 서로의 의견에 귀를 열고 함께 기도하며 하느님의 뜻을 식별하는 사람들로 바뀌었습니다. 다시 말해서 사도들은 교회의 책임 있는 소임을 통해 성장한 것입니다. 우리 삶도 마찬가지입니다. 많은 경우 우리는 어떤 책임이나 소임을 맡으면서 성장합니다. 이를 두고 '직

무가 주는 은총'이라고 부를 수 있을 듯합니다. 그렇다면 여러분의 삶 속에서 직무가 주는 은총을 경험한 적이 없는지 떠올려 봅시다.

2. 유다교 출신의 그리스도인들에게 있어서 예루살렘 사도 회의의 결론은 상당히 받아들이기 어려웠을 것입니다. 할례나 율법을 신앙의 필수적인 요소로 여겨 왔는데, 하느님께서 그것과는 상관없이 누구에게나 구원의 길을 열어 주신다고 하였으니 말입니다. 예부터 교회는 하느님을 두고 '언제나 더 크신 분'(Deus semper maior)이라고 불렀습니다. 우리가 생각하는 것보다, 우리가 알고 있는 것보다 더 크신 분이기에 우리의 상식과 신념 안에 그분을 가둘 수 없다는 말입니다. 교회 안에서 잘못된 신앙관으로 말미암아 좋지 않은 영향을 끼치는 사례를 떠올려 봅시다. 그리고 그러한 것들을 개선하기 위해 교회가 해야 할 과제는 무엇인지도 생각합시다.

3. 교회는 베드로를 제1대 교황으로, 예루살렘 사도 회의를 제1차 공의회로 여기고 있습니다. 그리고 이후 교회는 교황 이하의 성직자, 수도자, 평신도의 교계 제도 안에서 공의회를 통해 하느님의 뜻을 식별하여 왔습니다. 교계 제도라는 틀이 없다면 교회는 어떤 모습이었을까요? 교계 제도가 교회에 왜 필요한지에 대해서 생각해 봅시다.

예수님께서 사도들에게 지상 명령을 하시다
(라이헤나우학파의 장인)

제9과

사도 15,36-18,22

바오로의 2차 선교 여행

코린토인들에게 설교하는 성 바오로, 루이 드 라발, 1469-1485년경,
국립 도서관, 파리, 프랑스.

● 말씀: 사도 16,6-10

16 **6**성령께서 아시아에 말씀을 전하는 것을 막으셨으므로, 그들
은 프리기아와 갈라티아 지방을 가로질러 갔다. **7**그리고 미시아에
이르러 비티니아로 가려고 하였지만, 예수님의 영께서 허락하지 않
으셨다. **8**그리하여 미시아를 지나 트로아스로 내려갔다. **9**그런데
어느 날 밤 바오로가 환시를 보았다. 마케도니아 사람 하나가 바오
로 앞에 서서, "마케도니아로 건너와 저희를 도와주십시오." 하고
청하는 것이었다. **10**바오로가 그 환시를 보고 난 뒤, 우리는 곧 마
케도니아로 떠날 방도를 찾았다. 마케도니아 사람들에게 복음을 전
하도록 하느님께서 우리를 부르신 것이라고 확신하였기 때문이다.

함께 읽을 성경: 사도 15,36-16,5; 16,11-18,22

● 이끎말

예루살렘 사도 회의로 복음 선포의 장애물을 딛고 일어선 바오로는 두 번째 선교 여행을 떠납니다(50-52년경). 2차 선교 여행의 특징을 간추리면 다음과 같습니다.

첫째, 1차 선교 여행 때의 동반자인 바르나바와 마르코가 더 이상 함께 하지 않고 예루살렘에서 안티오키아로 파견된 실라스와 리스트라에서 살고 있는 바오로의 제자 티모테오가 동반합니다. 둘째, 바오로의 애초 계획과는 다르게 그리스까지 진출하여 선교합니다. 셋째, 그리스에서 무역과 상업의 중심지이며 아카이아 지방의 수도인 코린토에서 바오로는 1년 반을 머무릅니다. 그리고 그곳에서 아퀼라와 프리스킬라 부부를 새로운 동료로 만나고 '테살로니카 신자들에게 보낸 첫째 서간'을 집필하기도 합니다.

바오로와 바르나바의 다툼

본디 바오로와 바르나바는 두 번째 선교 여행도 함께 하려 하였습니다. 그러나 둘 사이에 다툼이 벌어져 갈라섰습니다. 바르나바가 여행에 사촌 마르코를 같이 데려가려고 하였지만, 바오로는 팜필리아에서 자기들을 버리고 떠난 그를 데리고 갈 수 없다고 한 것입니다(사도 15,38 참조).

이 일화는 우리에게 소소한 위로를 주는 듯합니다. 일상 안에서의 크고 작은 다툼이 우리에게만 있는 것이 아니라, 성인聖人으로 공경받는 바오로나 바르나바 같은 사람들에게도 벌어지니 말입니다. 아무리 거룩한 사람도 완벽할 수는 없습니다. 거룩함이란 결점이 없는 상태를 의미하는 것이 아니라, 자신의 결점을 있는 그대로 인정하고 하느님께 그것을 온전히 내어 보이는 데에서 옵니다.

이러한 의미에서 바오로는 거룩한 사도였습니다. 그는 자신의 서간에서 자신을 "첫째가는 죄인"이라고 하고(1티모 1,15), 그리스도의 힘이 자신에게 머무를 수 있도록 더없이 기쁘게 자신의 약점을 자랑한다고 고백하며 자신의 결점을 있는 그대로 인정하였습니다. 어쨌든 바오로와 바르나바는 이후 화해한 것 같습니다. 콜로새서와 필레몬서를 보면 마르코가 바오로 곁에서 협력자로 있었고(참조: 콜로 4,10; 필레 1,24), 그를 두고 요긴한 사람이라고 말하였습니다(2티모 4,11 참조).

성 마르코, 작자 미상, 17세기, 상타 마리아 성당, 우후스, 스웨덴.

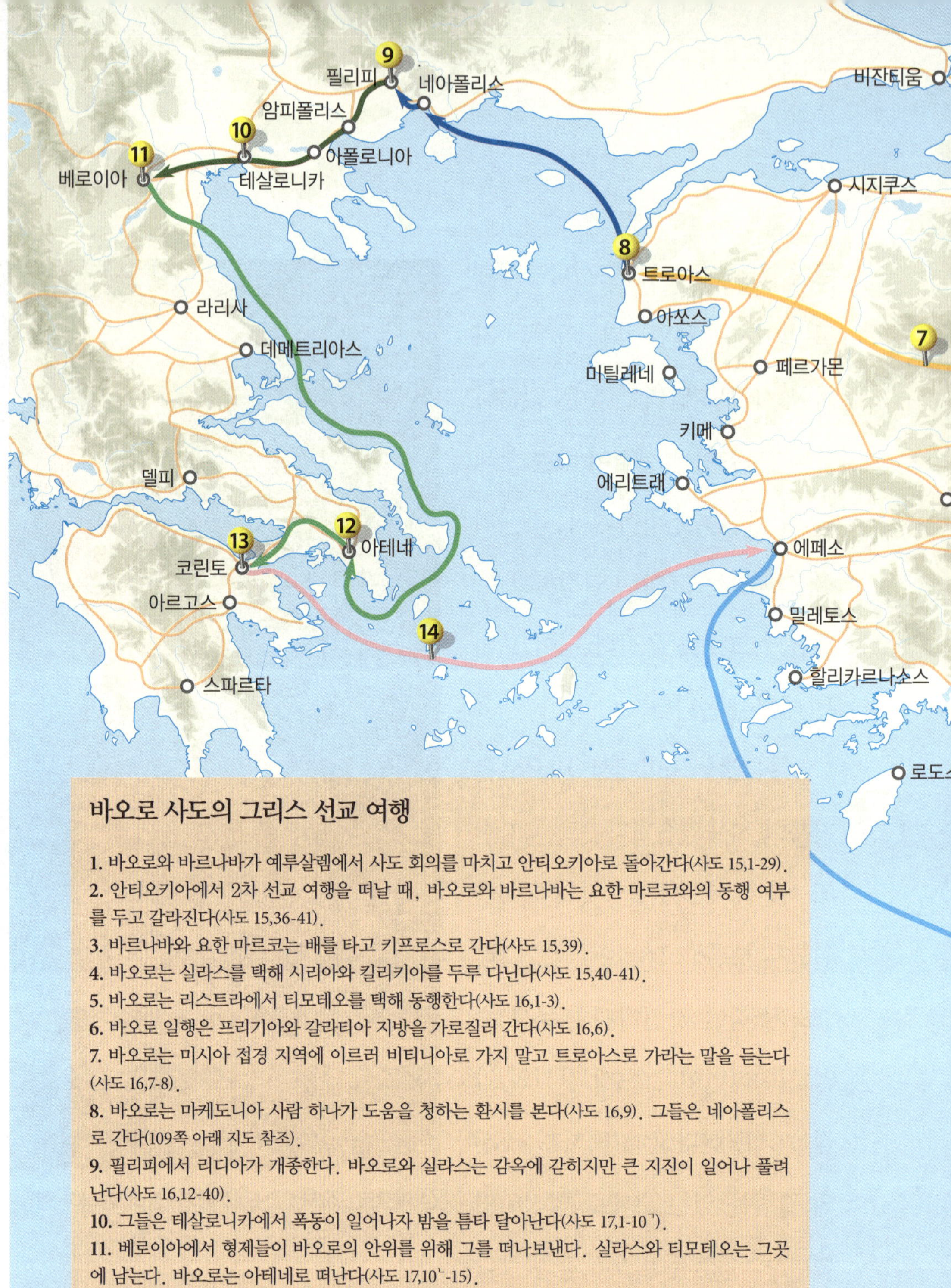

바오로 사도의 그리스 선교 여행

1. 바오로와 바르나바가 예루살렘에서 사도 회의를 마치고 안티오키아로 돌아간다(사도 15,1-29).
2. 안티오키아에서 2차 선교 여행을 떠날 때, 바오로와 바르나바는 요한 마르코와의 동행 여부를 두고 갈라진다(사도 15,36-41).
3. 바르나바와 요한 마르코는 배를 타고 키프로스로 간다(사도 15,39).
4. 바오로는 실라스를 택해 시리아와 킬리키아를 두루 다닌다(사도 15,40-41).
5. 바오로는 리스트라에서 티모테오를 택해 동행한다(사도 16,1-3).
6. 바오로 일행은 프리기아와 갈라티아 지방을 가로질러 간다(사도 16,6).
7. 바오로는 미시아 접경 지역에 이르러 비티니아로 가지 말고 트로아스로 가라는 말을 듣는다(사도 16,7-8).
8. 바오로는 마케도니아 사람 하나가 도움을 청하는 환시를 본다(사도 16,9). 그들은 네아폴리스로 간다(109쪽 아래 지도 참조).
9. 필리피에서 리디아가 개종한다. 바오로와 실라스는 감옥에 갇히지만 큰 지진이 일어나 풀려난다(사도 16,12-40).
10. 그들은 테살로니카에서 폭동이 일어나자 밤을 틈타 달아난다(사도 17,1-10ㄱ).
11. 베로이아에서 형제들이 바오로의 안위를 위해 그를 떠나보낸다. 실라스와 티모테오는 그곳에 남는다. 바오로는 아테네로 떠난다(사도 17,10ㄴ-15).
12. 아테네에서 바오로는 아레오파고스에서 설교한다(사도 17,16-34).
13. 바오로는 코린토로 가서 프리스킬라와 아퀼라를 만난다(사도 18,1-3). 실라스와 티모테오가 마케도니아에서 내려온다(사도 18,5). 그들은 코린토에 18개월 간 머문다(사도 18,11).
14. 바오로, 프리스킬라와 아퀼라는 에페소로 떠난다(사도 18,18-19).
15. 프리스킬라와 아퀼라는 에페소에 남는다(사도 18,24-28). 바오로는 그곳을 떠나 카이사리아로 갔다가 예루살렘으로 올라간다(사도 18,22).

그리스로 가로질러 가다

(50년, 사도 16,11-15)

8ㄱ. 첫날: 바오로 일행은 트로아스를 떠나 사모트라케로 직행한다(사도 16,11[ㄱ]).

8ㄴ. 이튿날: 사모트라케에서 네아폴리스로 간다(사도 16,11[ㄴ]).

8ㄷ. 네아폴리스에서 정박한 뒤에, 그들은 에냐시아 국도를 따라 필리피로 간다.

성 티모테오, 1160년경, 국립 중세 박물관, 파리, 프랑스. 티모테오는 바오로의 충실한 제자였다.

뜻하지 않은 그리스 선교 여행

바오로는 2차 선교 여행을 떠나면서 방문하였던 도시를 방문한 후에 오늘날의 터키에 해당하는 소아시아 일대를 선교하기로 계획하였습니다. 그러나 본의 아니게 그 계획에 차질이 생겼는데, 이에 대해 성경은 다음과 같이 전합니다.

“성령께서 아시아에 말씀을 전하는 것을 막으셨으므로, 그들은 프리기아와 갈라티아 지방을 가로질러 갔다. 그리고 미시아에 이르러 비티니아로 가려고 하였지만, 예수님의 영께서 허락하지 않으셨다.”(사도 16,6-7).

성령께서 허락하지 않았다는 것이 구체적으로 어떤 일을 가리키는지는 알 수 없습니다. 다만 학자들은 바오로의 몸이 좋지 않아 아시아 일대를 선교하지 못하고 갈라티아 부근에 머물렀던 것은 아닌가 추정하나 이 역시 확실하지는 않습니다(갈라 4,13 참조). 어쨌든 루카 복음사가는 바오로에게 벌어진 어떤 인간적인 사건을 두고 성령께서 허락하지 않으셨다는 말로 해석한 것입니다. 그렇다면 성령께서는 어찌하여 바오로가 소아시아 일대를 선교하는 것을 원하지 않으신 걸까요?

이어지는 대목에서 그 이유가 나옵니다. 이 무렵 바오로가 환시를 보게 되는데, 그리스 북쪽 지방인 마케도니아 사람이 나타나 자기 지방으로 건너와 달라고 청하였던 것입니다. 그리하여 바오로는 선교 활동이 자신의 계획과는 전혀 다르게 펼쳐짐에도 이 요청에 응답하여 그리스로 건너갑니다. 사실 한 번도 가 보지 않은 낯선 곳에서 복음 선포를 하기란 어렵습니다. 여행길에 강도를 만날 수도 있고 안전한 숙소를 구하기도 어렵습니다. 따라서 철저한 계획과 준비가 있어야만 합니다. 그럼에도 바오로는 성령께 순종하여 자신의 계획이나 생각을 포기합니다. 자신의 상식과 원의를 깨뜨리는 일이었지만 하느님께서 원하시기에 그대로 따른 것입니다.

리디아의 세례(부분), 마리 엘렌리더, 1861년, 국립 미술관, 베를린, 독일.

코린토에서의 1년 반

그리스로 넘어간 바오로는 마케도니아 지역에서 첫째가는 도시인 필리피에서 리디아에게 세례를 주며 복음 선포를 시작합니다. 그리고 그곳에서 감옥에 갇히는 고초를 겪은 다음, 테살로니카, 베로이아, 아테네를 거쳐 아카이아 지방의 수도인 코린토에 도착하여 그곳에서 1년 반을 지냅니다.

그런데 여기서 눈여겨볼 점은 바오로가 코린토에서 천막을 만드는 일을 하며 생계를 유지하였다는 점입니다. 사실 선교사는 신자들로부터 충분한 보수를 받을 권리가 있습니다(참조: 1테살 2,7; 1코린 9,4-6.12-14). 그러나 바오로는 그 권리를 포기하고 스스로 노동하며 자신과 동료 선교사들의 생계비와 전도비를 마련하였던 것입니다(참조: 1테살 2,9; 2테살 3,7-9; 1코린 4,12; 2코린 11,7-10; 사도 18,3; 20,34). 여기서 그치지 않습니다. 그렇게 빠듯한 일정 속

함께 천막 만드는 일을 했던 프리스킬라와 아퀼라의 집에서의 바오로 사도(부분), 얀 사들러 작, 1580-1600년경, 보이만스 판뵈닝언 미술관, 로테르담, 네덜란드.

에서도 테살로니카 교회를 염려하여 서간을 써 보내기까지 합니다. 이렇듯 바오로는 복음 선포의 열정을 불사르며 자신의 시간을 쪼개고 또 쪼개며 살았습니다.

묵상

1. 바오로와 바르나바 사이에 다툼이 벌어졌듯이, 우리 삶에도 크고 작은 갈등과 다툼이 있습니다. 이러한 갈등들을 보면 어느 한쪽이 일방적으로 옳거나, 다른 한쪽이 전적으로 틀린 경우는 거의 없습니다. '내' 삶 속에서 벌어졌던 갈등 한 가지를 떠올려 봅시다. 그리고 그 안에서 드러난 '나'의 결점은 무엇인지 바오로처럼 겸손하게 고백합시다.

2. 바오로의 직업은 천막을 만드는 일이고 그의 직무는 선교사입니다. 이처럼 직무와 직업은 다른 것입니다. 사전에서 직업은 이렇게 풀이합니다. '개인이 사회에서 생활을 영위하고 수입을 얻을 목적으로 한 가지 일에 종사하는 지속적인 사회 활동.' 곧 그 목적이 수입을 얻는 데에 있고 자신이 선택한 것이라고 말할 수 있습니다. 반면 직무는 경제적인 수입을 목적으로 하지 않고 세상과 교회를 위한 봉사입니다. 또 자신이 선택한 것이 아니라, 교회를 통해 하느님으로부터 선택을 받는 것입니다. 그렇다면 '나'의 삶에 주어진 직무로는 어떤 것이 있으며 앞으로 어떤 직무를 원하고 있는가요?

3. 사도행전을 보면 바오로의 2차 선교 여행부터 '우리'라는 표현이 나옵니다(사도 16,10-17; 20,5-15; 21,1-18; 27,1-28,16). 이 표현에 대해 학자들은 의견은 다음과 같습니다. 첫째, 루카 복음사가가 바오로의 선교 여행에 참여하였음을 보여 주고 있다고 봅니다. 둘째, 특정 효과를 얻기 위한 문학적 기법으로 이해합니다. 곧 루카 복음사가가 바오로의 선교 여행에 참여한 것은 아니지만, 이 표현을 통하여 자신 또한 바오로처럼 복음 선포를 해야 하는 사람으로 묘사하고 있다는 것입니다. 두 가지 가운데 명확한 결론은 내릴 수 없습니다. 다만 루카는 바오로의 선교 여행에 '우리'라는 단어를 씀으로써 오늘날 사도행전의 독자인 우리 또한 선교 활동에 동참하기를 권고하고 있다는 것은 분명할 것입니다. 그렇다면 우리는 다른 이들에게 어떻게 복음을 전하고 있는가요?

리디아의 세례(부분, 마리 엘렌리더)

제10과

사도 18,23-21,16

바오로의 3차 선교 여행

프리스킬라와 아퀼라 부부, 그리고 바오로 사도,
작자 미상, 17세기, 플랑탱 모레투스 박물관, 안트베르펜, 벨기에.

● 말씀: 사도 19,11-20

19 **11**하느님께서는 바오로를 통하여 비범한 기적들을 일으키셨
다. **12**그의 살갗에 닿았던 수건이나 앞치마를 병자들에게 대기만
해도, 그들에게서 질병이 사라지고 악령들이 물러갔다. **13**그러자
구마자로 돌아다니는 몇몇 유다인까지도 "바오로가 선포하는 예수
님의 이름으로 너희에게 명령한다." 하면서, 악령 들린 사람들에게
주 예수님의 이름을 이용해 보려고 시도하였다. **14**그런데 스케우아
스라는 유다인 대사제의 일곱 아들이 그렇게 하자, **15**악령이 그들
에게 "나는 예수도 알고 바오로도 아는데 너희는 누구냐?" 하였다.
16그때에 악령 들린 사람이 그들에게 달려들어 그들을 모조리 억누
르고 짓누르는 바람에, 그들은 옷이 벗겨지고 상처를 입어 그 집에
서 달아났다. **17**이 일이 에페소에 사는 모든 유다인과 그리스인에
게 알려지니, 그들은 모두 두려움에 휩싸였다. 그리고 사람들은 주
예수님의 이름을 찬송하였다. **18**그러자 신자가 된 많은 사람들이
나서서 자기들이 해 온 행실을 숨김없이 고백하였다. **19**또 마술을
부리던 자들 가운데 많은 이가 자기 책들을 모아 모든 사람 앞에서
불살라 버렸다. 그 책들을 값으로 따져 보니 은돈 오만 닢어치나 되
었다. **20**그리하여 주님의 말씀은 더욱 힘차게 자라고 힘을 떨쳤다.

함께 읽을 성경: 사도 18,23-19,10; 19,21-21,16

● 이끎말

바오로의 세 번째 선교 여행 또한 어김없이 안티오키아에서 시작합니다(53-58년경). 이 여행의 특징은 다음과 같습니다. 첫째, 아시아주州의 수도인 에페소에서 27개월을 지내며 그곳을 여행의 중심지로 삼습니다. 또 그곳에서 코린토 1서, 갈라티아서, 필리피서, 필레몬서를 집필합니다. 둘째, 2차 선교 여행 때와 비슷하게 아시아를 거쳐 다시 마케도니아 지방, 그리스의 코

에페소의 유적 발굴 현장에 있는 거리 풍경.

린토까지 방문을 하는데, 마케도니아 지방에서 코린토 2서를, 코린토에서 로마서를 집필합니다. 셋째, 코린토 체류가 끝나 2차 선교 여행 때처럼 배를 타고 시리아로 돌아가려고 하였지만, 유다인들이 음모를 꾸몄기 때문에 안전한 길인 마케도니아를 거쳐서 돌아갑니다.

에페소 선교

바오로는 소아시아의 내륙 산악 지방을 가로질러 2차 선교 여행의 마

에페소 근처의 마을 셀주크에 있는 아르테미스 신전 터.

지막 선교지였던 에페소를 방문합니다. 당시 상업과 종교의 큰 중심지 가운데 하나였던 이곳에서 바오로는 2년 3개월을 보냈는데, 루카 복음사가는 이곳에서의 몇 가지 일화를 우리에게 들려줍니다.

첫째, 독자적인 선교사 아폴로의 이야기입니다. 바오로가 에페소에 도착하기 전에 아폴로가 에페소에서 선교 활동을 하였습니다. 그는 달변가이며 성경에 정통한 사람으로서 예수님에 관해 정확하게 가르쳤습니다. 다만 그때까지 그는 요한의 세례만 알고 있었습니다. 그런데 마침 바오로의 협력자인 프리스킬라와 아퀼라가 아폴로의 말을 듣고 하느님의 길을 더욱 정확하게 알려 줍니다. 그리고 자신들이 활동하였던 코린토에 아폴로를 파견합니다. 이 일화는 독자적인 선교사일지라도 반드시 교회와 연결되어 있어야 함을 보여 줍니다. 교회와 연결되지 않는 활동은 자칫 왜곡되거나 개인의 영달을 위한 사업으로 변질할 여지가 있는 것입니다.

아폴로에게 정확한 교리를 알려 준 프리스킬라와 아퀼라 부부 이콘.

둘째, 바오로의 기적 이야기입니다. 바오로가 에페소에서 비범한 기적들을 행하자 유다인 대사제 스케우아스의 일곱 아들이 그를 흉내 내 예수님의 이름으로 악령을 쫓아내려고 하였습니다. 그런데 도리어 악령들에게 공격을 당합니다. 이 일화는 예수님의 이름으로 행하는 바오로의 기적이 주술이나 마법과는 차원이 다른 것임을 알려 줍니다. 이미 3과에서도 살펴보았듯이 예수님의 이름으로 어떤 행동을 한다는 것은 그분을 우리 삶의 기초로

갈라티아–에페소–마케도니아–코린토 선교 여행

1. 안티오키아에서 바오로는 갈라티아 지방과 프리기아를 거쳐 간다(사도 18,23).
2. 아폴로는 에페소를 떠나 코린토로 간다(사도 18,24-19,1ㄱ).
3. 바오로는 에페소에서 27개월을 보낸다(사도 19,1ㄴ-10).
4. 바오로는 코린토를 잠시 방문한다(1코린 2,1).
5. 은장이가 소동을 일으킨 뒤, 바오로는 에페소를 떠나 트로아스로 간다(사도 20,1-6; 2코린 2,12).
6. 바오로는 티토를 만나지 못해 불안했지만, 마케도니아로 떠난다(사도 20,1; 2코린 2,13).
7. 바오로는 마케도니아를 거쳐 다른 '지방'(사도 20,2-3), 일리리쿰에 이르렀을 것 같다(로마 15,19). 니코폴리스에서 겨울을 나고 있을 때였을 수도 있다(티토 3,12).
8. 바오로는 코린토에서 석 달가량 머문다(사도 20,2-3ㄱ).

삶는다는 것이며, 고통과 환난까지도 감수하는 것을 뜻하기 때문입니다.

에페소의 아르테미스 여신상, 1세기, 에페소 고고학 박물관, 셀주크, 터키.

셋째, 에페소에서 벌어진 커다란 소동입니다. 사람들을 현혹시켰던 에페소의 마술사들이 바오로에게 굴복당한 이후 많은 이들이 바오로를 따르게 되었습니다. 그러자 은으로 아르테미스 신당 모형을 만드는 사람들의 돈벌이가 줄어들게 됩니다. 이에 데메트리오스라는 은장이가 사람들을 선동하여 소동을 일으킵니다. 바오로 일행이 에페소의 수호신인 아르테미스를 무시하고 있다고 말입니다. 바오로는 이를 중재하려고 하였으나 그의 제자들과 에페소의 지방 장관들이 만류합니다. 오히려 더 큰 화를 불러일으킬 수 있었기 때문입니다. 이 소동은 결국 서기관이 나서 집회를 해산시키는 것으로 끝이 납니다. 이 일화에서 우리는 땀과 수고를 아끼지 않으면서도 순수하게 복음을 전하는 바오로와 종교를 장사로 삼는 이들의 모습이 대조되고 있음을 알 수 있습니다.

바오로의 큰 그림: 예루살렘에 가려는 바오로

바오로는 에페소에서 머물고 있을 때부터 예루살렘을 거친 뒤에 로마에도 방문하여 선교할 계획을 지닙니다. 그런데 그가 예루살렘을 찾아간다는 것은 상당한 위협이 될 수도 있었습니다. 바오로에게 큰 배신감을 느낀 유다인들이 그를 해칠 가능성이 컸기 때문입니다. 그럼에도 바오로는 예루살렘을 찾아가기로 결심합니다. 바오로의 결의는 그가 3차 여행을 마칠 무렵 에페소의 원로들을 만났을 때 한 말에서 잘 알 수 있습니다. "이제 나는 성령께 사로잡혀 예루살렘으로 가고 있습니다. 거기서 나에게 무슨 일이 닥칠지 나는 모릅니다. 다만 투옥과 환난이 나를 기다리고 있다는 것은 성령께서 내가 가는 고을에서마다 일러 주셨습니다. 그러나 내가 달릴 길을 다 달려 주 예수님께 받은 직무 곧 하느님 은총의 복음을 증언하는 일을 다 마칠 수만 있다면, 내 목숨이야 조금도 아깝지 않습니다."(사도 20,22-24). 바오로의 이러한 모습은 예수님이 십자가에 못 박혀 목숨을 내놓으시기 위해 예루살렘을 향한 여정을 걸으셨던 모습과 비슷하다 할 수 있습니다.

● 묵상

1. 하느님을 믿는 이들은 누구나 교회 안에서, 교회를 통하여, 교회와 함께 신앙생활을 합니다. 교회 없이 홀로 신앙생활을 한다는 것은 잘못된 길

로 빠지기가 십상입니다. 아폴로는 독자적인 선교사였지만 다행히도 교회의 품 안에서 올바른 신앙의 길을 안내받을 수 있었고 훌륭한 바오로의 협력자가 될 수 있었습니다. 그렇다면 우리 각자에게 '교회'란 어떤 의미인가요?

2. 에페소에는 수호신 아르테미스를 숭배하는 이들이 많았습니다. 그리고 그 안에서 돈을 벌었던 마술사나 신당 모형을 만드는 이들이 있었습니다. 이들에게 있어서 종교는 생계를 위한 돈벌이에 지나지 않았습니다. 이렇게 종교가 순수성을 잃어버리고 세속화되거나 영업장이 되어 버리는 일은 오늘날에도 벌어집니다. 가톨릭 교회가 종교로서의 순수성을 잃어버리지 않기 위해서는 어떤 것들이 필요한지 생각해 봅시다.

3. 예수님은 십자가에 못 박히기 위해 예루살렘을 향해 걸어가셨습니다. 바오로는 체포당하기 위해 예루살렘을 향한 여정을 회피하지 않았습니다. 예수님과 바오로 모두 그 길의 끝에 고통스럽고 힘든 일을 맞닥뜨려야 한다는 사실을 알고 있었지만 하느님의 뜻에 순종하고 성령의 이끄심을 받아들인 것입니다. 그렇다면 우리 각자에게 있어서 '예루살렘'은 어디인가요? 그리고 그곳을 향한 발걸음을 어떻게 내딛고 있는지요?

프리스킬라와 아퀼라 부부가 아폴로에게 정확한 교리를 알려 주다.

제11과

사도 21,17-23,11

예루살렘에서 체포당한 바오로

예루살렘에서 체포당한 바오로 사도, 1900년대 초, 성경 카드.

● 말씀: 사도 21,27-36

21 **27**아시아에서 온 유다인들이 성전에서 바오로를 보고서는, 온
군중을 선동하여 그를 붙잡고 **28**외쳤다. "이스라엘인 여러분, 우리
를 도와주십시오. 이자는 어디에서건 누구에게나 우리 백성과 율법
과 이 성전을 거슬러 가르치는 사람입니다. 더군다나 그리스인들까
지 성전 안으로 데리고 들어와서 이 거룩한 곳을 부정하게 만들었습
니다." **29**그들은 전에 에페소 사람 트로피모스가 바오로와 함께 성
안에 있는 것을 보고, 바오로가 그를 성전 안으로 데리고 들어갔다
고 생각한 것이다. **30**그래서 온 도시가 소란해지면서 백성이 몰려
들었다. 그들은 바오로를 붙잡아 성전 밖으로 끌어냈다. 그러자 성
전 문들이 곧 닫혔다. **31**그들이 바오로를 막 죽이려고 할 때, 온 예
루살렘에 소동이 일어났다는 보고가 그곳 부대의 천인대장에게 올
라갔다. **32**그는 바로 군사들과 백인대장들을 거느리고 그 사람들에
게 달려갔다. 그들은 천인대장과 군사들을 보고 바오로에게 매질하
는 것을 멈추었다. **33**그러자 천인대장이 다가가 바오로를 붙잡고
쇠사슬 두 개로 그를 결박하라고 명령한 다음, 그가 누구며 무슨 일
을 하였는지 물었다. **34**그런데 군중 속에서 이자들은 이렇게, 저자
들은 저렇게 소리를 질러 댔다. 천인대장은 그 소란 때문에 진상을
알아낼 수가 없었으므로, 바오로를 진지 안으로 끌고 가라고 명령하

였다. **35**바오로가 층계에 이르렀을 때 군중이 난폭하게 구는 바람
에, 군사들이 그를 둘러메고 가는 수밖에 없었다. **36**큰 무리가 따라
가면서 "그자를 없애라." 하고 외쳐 댔던 것이다.

함께 읽을 성경: 사도 21,17-26; 21,37-23,11

● 이끎말

세 번의 선교 여행을 마친 바오로는 동료들의 만류에도 체포와 구금이 기다리고 있는 예루살렘으로 떠납니다. 예루살렘에서 지도자를 만나 그간의 일들을 보고한 뒤, 성전에서 체포를 당하게 됩니다. 로마 당국에서 볼 때 바오로는 정치적으로 아무런 범죄를 저지르지 않았지만 유다인 군중의 선동으로 말미암아 체포된 것입니다. 이 과정에서 바오로는 한 번은 유다인 군중 앞에서, 다른 한 번은 최고 의회에서 자신을 변호하며 예수 그리스도를 선포합니다.

예루살렘 교회와 바오로

예루살렘에 도착한 바오로는 다른 민족들 가운데 복음을 받아들인 이들이 점점 더 많아지고 있음을 원로들에게 보고합니다. 예루살렘 교회의 지도자인 야고보 또한 유다인들 가운데서도 신자가 된 이들이 무척 많아졌음

여정(직선 거리)
코린토-필리피 580km
필리피-트로아스 209km
트로아스-아쏘스 56km
아쏘스-미틸레네 50km
미틸레네-키오스 95km
키오스-사모스 95km
사모스-밀레토스 70km
밀레토스-코스 74km
코스-로도스 114km
로도스-파타라 114km
파타라-티로 651km
티로-프톨레마이스 43km
프톨레마이스-카이사리아 55km
카이사리아-예루살렘 105km
총 여행 거리 2,311km

예루살렘으로 여행하다

1. 바오로 일행이 필리피에서 파스카 축제를 지낸다(사도 20,6).
2. 일행은 트로아스에서 이레 동안 지낸다. 배를 갈아타려고 한 듯하다(사도 20,6-12).
3. 바오로는 아쏘스에서 산허리를 가로질러 걸어가다 일행의 남은 사람들과 합류한다. 그들은 함께 미틸레네로 간다(사도 20,13-14).
4. 배는 키오스섬 앞바다에 이른다(사도 20,15).
5. 그들은 서쪽에 자리한 사모스섬을 들렀다(사도 20,15).
6. 그들은 밀레토스에 다다른다. 바오로는 에페소 교회의 원로들을 만난다(사도 20,15-38).
7. 배를 타고 코스로 가다(사도 21,1).
8. 로도스를 거쳐 가다(사도 21,1).
9. 파타라로 가다(사도 21,1).
10. 그들은 티로로 건너가는 배를 탄다. 티로까지는 사나흘쯤 걸렸을 것이다(사도 21,2-3).
11. 티로에서 바오로 일행은 "제자들을" 찾아내어 그곳에 이레 동안 머무른다. 아마도 그들을 남쪽으로 데려갈 배를 기다리고 있었을 것이다(사도 21,4-6).
12. 프톨레마이스에서 잠시 체류한다(사도 21,7).
13. 카이사리아에서 그들은 복음 선포자인 필리포스 부제를 만난다(사도 21,8-14).
14. 그들은 오순절에는 예루살렘에 있으려고 서둘렀다. 하룻밤을 므나손의 집에서 머문다. 므나손은 키프로스인으로서 오래전에 제자가 된 사람이다(사도 21,15-16).

성 야고보 사도, 호시오스루카스 수도원 모자이크, 그리스 아테네 북서쪽에 위치한 호시오스루카스 수도원은 1990년 세계문화유산으로 지정되었다.

을 알립니다. 처음에는 120명이 세례를 받았는데(사도 1,15), 그 다음에는 삼천 명(사도 2,41), 오천 명(사도 4,4)이 되더니 이제는 수만 명에 이를 만큼 불어났습니다(사도 21,20). 그런데 그 가운데에는 강경 수구파 유다인들이 있었습니다. 이들은 신자이면서도 바오로가 한 일을 못마땅하게 여겼습니다. 이에 야고보는 바오로에게 가난한 나지르인 네 명의 정결 예식에 드는 제물 비용을 바오로가 지불하고 바오로 또한 그들과 함께 예식에 참여하기를 권합니다. 이는 바오로가 유다교 전통에 충실한 모습을 보여 줌으로써 수구파 유다인들의 강경한 시선을 누그러뜨리기 위한 것이었습니다. 그리고 바오로는 이 제안을 받아들입니다.

하지만 바오로의 입장에서 곰곰이 생각해 보면 수구파 유다인들의 냉대는 물론, 야고보의 권고까지도 인간적으로 섭섭한 것일 수도 있었습니다. 예수 그리스도를 위하여 온갖 고초를 겪으면서도 선교 여행을 떠났고, 예루살렘 사도 회의에서 공식적으로 결정된 원칙에 따라 다른 민족들에게 복음을 전하였으며, 예루살렘 교회의 궁핍한 처지를 생각하며 모금 활동을 하였습니다. 그럼에도 다른 이들도 아닌 바로 교회 내의 일부 사람들로부터 비판을 받고 교회 지도자인 야고보로부터도 큰 지지를 받지 못하였던 것입니다. 그러나 바오로는 이에 굴하지 않습니다. 그는 자신의 인간적인 감정을 바라보지 않고 오로지 예수 그리스도만을 바라볼 뿐이었습니다.

체포당한 바오로

다른 민족들을 향한 바오로의 복음 선교 활동은 유다인들에게 큰 반감을 불러일으켰습니다. 예수님을 믿는 사람들을 박해하던 그가 오히려 예수님을 선포하였으니 말입니다. 더구나 다른 민족들이 할례와 율법을 따르지 않고서도 구원받을 수가 있다는 사실은 유다인들로서는 도저히 용납할 수 없는 것이었습니다.

유다인들이 바오로를 체포하게 된 직접적인 계기는 바오로가 에페소 사람 트로피모스를 성전 안에 데리고 들어왔다고 오해한 데에서 옵니다. 이는 잘못된 편견에 사로잡힌 나머지 바오로가 하는 모든 일을 확대하여 해석한 것입니다. 이러한 편견은 유다인들이 바오로를 붙잡을 때 그를 두고 '율법과 성전을 거슬러 가르치는 사람'이라고 폄훼하는 데에서도 알 수 있습니다. 그나마 로마 관리인 천인대장은 유다인이 아니었기에 이런 편견에서 자유로울 수 있었습니다. 그래서 그는 바오로가 유다인 군중 앞에서 자신을 변호할 수 있는 기회를 주었습니다. 더 나아가 바오로가 로마 시민권을 지닌 사람임을 알고 난 뒤에는 최고 의회에서 공식적으로 자신을 변호할 수 있게 하였습니다.

바오로의 변론

바오로는 예루살렘에서 두 차례에 걸쳐 자신을 변호하였습니다. 첫 번째 변론은 유다인 군중 앞에서 이루어집니다. 여기서 바오로는 자신이 여느 유다인과도 비교할 수 없을 만큼 하느님을 열성으로 섬겼지만, 십자가에서

예루살렘 유다교 최고 의회에서 그리스도교 신앙을 고백하는 바오로 사도, 크리스토프 안톤 메이어, 1768년, 성 베드로와 바오로 성당, 솔(티롤), 오스트리아.

돌아가신 예수님을 만나는 체험을 한 이후 그 열성이 얼마나 잘못된 것인지를 깨달았다고 전합니다.

두 번째 변론은 최고 의회에서 이루어집니다. 최고 의회는 죽은 자들의 부활을 믿는 바리사이들과 이를 부인하는 사두가이들로 구성되어 있었습니다. 이를 잘 알고 있는 바오로는 자신 또한 바리사이 출신임을 밝히며 자신의 복음이 바로 죽은 이들의 부활과 깊이 관여하고 있음을 전합니다. 이로써 최고 의회에서는 바오로의 유죄 여부를 두고 바리사이와 사두가이의 격렬한 논쟁이 극에 달하여 파국에 이르게 됩니다.

두 차례의 변호에도 바오로를 향한 유다인들의 분노는 사그라들지 않습니다. 그러나 바오로는 자신의 변호가 실패하였음에 아랑곳하지 않습니다. 예수님께서 바오로에게 체포된 것을 계기로 삼아 오히려 로마에서도 당신을 증언하라고 일러 주셨기 때문입니다.

묵상

1. 교회를 위해서, 가정을 위해서 열심히 살아왔지만 그 누구도 인정해 주지 않고 오히려 핀잔을 들을 때가 있습니다. 그런 일을 겪게 되면 인간적인 섭섭함이 밀려와 열심히 했던 일들에 대한 회의가 밀려오기 마련입니다. 바오로 역시 예루살렘 교회의 몇몇 신자들로부터 이러한 일을 겪었습니다.

그러나 바오로는 이에 굴하지 않았습니다. 사람들로부터의 평가가 아니라, 예수 그리스도의 시선만을 바라보았기 때문입니다. 우리는 어떠한가요?

2. 유다인들은 바오로를 증오하였습니다. 누군가를 편견을 지니고 바라보면 그가 하는 모든 일이 곱게 보이지 않는 법입니다. 유다인들이 바오로에게 불합리한 죄를 뒤집어씌우고 그를 매질하여 체포한 것은 모두 증오에 찬 편견 때문입니다. 그들이 바오로에 대해 지닌 편견은 바오로의 진솔한 변호로도 무너뜨릴 수 없었습니다. 우리 사회 안에는 편견으로 다른 이들에게 폭력을 가하는 사례가 없는지 생각해 봅시다.

3. 바오로에게 있어 유다인들은 같은 피를 나눈 동족입니다. 그는 자신의 서간에서 이렇게 말합니다. "사실 육으로는 내 혈족인 동포들을 위해서라면, 나 자신이 저주를 받아 그리스도에게서 떨어져 나가기라도 했으면 하는 심정입니다."(로마 9,3). 인간적으로 볼 때 바오로는 동족인 유다인들로부터 버림받는 것이 몹시 괴로웠을 것입니다. 그러나 그는 자신의 처지를 영적인 차원으로 바라보았기에 동족들에게서 받을 미움이라는 신앙적 걸림돌을 뛰어넘을 수가 있었습니다. 지금껏 살아오면서 바오로처럼 예수님에 대한 믿음을 지키기에는 버거웠던 경험은 없었는지 헤아려 봅시다.

예루살렘 유다교 최고 의회에서
그리스도교 신앙을 고백하는 바오로 사도(부분, 크리스토프 안톤 메이어)

제12과

사도 23,12-26,32

카이사리아에서의 감옥살이

성 베드로와 바오로 성당, 프라하-로트카, 체코.
성 베드로와 바오로 사도가 복음을 위해 겪은 고난을 표현한 스테인드글라스창.

● 말씀: 사도 24,24-27

24 **24**펠릭스는 유다 여자인 자기 아내 드루실라와 함께 와서 바오
로를 불러내어, 그리스도 예수님을 믿는 신앙에 관하여 이야기를 들
었다. **25**바오로가 의로움과 절제와 다가오는 심판에 관하여 설명하
자 펠릭스는 두려움에 사로잡혀, "이제 그만 가 보시오. 기회가 되
면 다시 부르겠소." 하고 말하였다. **26**그러면서도 바오로가 자기에
게 돈을 주기를 바라는 마음도 있어서, 바오로를 자주 불러내어 이
야기를 나누었다. **27**두 해가 지난 뒤에 포르키우스 페스투스가 펠
릭스의 후임으로 부임하였다. 그때까지 펠릭스는 유다인들에게 환
심을 사려고 바오로를 가둔 채 내버려 두었다.

함께 읽을 성경: 사도 23,12-24,23; 25,1-26;32

● 이끎말

바오로는 천인대장의 도움으로 자신을 죽이려는 유다인들을 피해 예루살렘에서 카이사리아로 호송됩니다. 카이사리아에는 당시 이스라엘 지역 전체를 관할하는 유다 총독부가 있었습니다. 당시 총독은 펠릭스인데 그는 바오로를 2년 동안 수감합니다. 그 자신이 유다인들로부터 미움을 사고 있었기에 유다인들의 환심을 사기 위해서는 바오로를 풀어 줄 수가 없었던 것입니다. 두 해가 지난 60년에 포르키우스 페스투스가 펠릭스의 후임으로 부임하였는데, 이때 바오로는 황제에게 상소를 합니다. 그리하여 바오로는 2년간의 감옥살이를 끝내고 로마로 떠나게 됩니다.

바오로 사도가 카이사리아에서 투옥되다 (58-60년경)

1. 바오로를 안티파트리스로 끌고간 군사들은 그곳에 바오로와 기병만을 남기고 예루살렘으로 돌아간다(사도 23,31-32).

2. 바오로는 카이사리아로 끌려가고, 그곳에서 펠릭스 총독은 바오로를 헤로데 궁전에 투옥시킨다(사도 23,33-35).

총독 앞에 선 유다인 법률가와 바오로

유다인들은 펠릭스 총독에게 바오로에 대한 소송을 제기하기 위하여 테르틸로스라는 법률가를 보냅니다. 테르틸로스는 바오로를 두 가지 차원에서 고발합니다. 하나는 바오로가 흑사병과 같은 자이며 '나자렛 분파의 괴수'로서 유다인들 사이에 소요를 부추긴다는 점이고 다른 하나는 성전을 모독하고 있다는 점입니다.

그런데 그가 이러한 고발을 하기에 앞서 서두에서 총독을 다음과 같이 칭송합니다. "우리는 각하 덕분에 큰 평화를 누리고 있습니다. 그리고 각하

펠릭스 총독 앞에 선 바오로 사도, 루카스 스티퍼거, 1780년, 드로젠도르프, 드로젠도르프-지세르츠도르프, 오스트리아.

두 가지 속성을 가진 바오로 사도, 안토니 반 다이크, 마인츠 주립 박물관, 마인츠, 독일.

의 선견지명으로 이 민족을 위한 개혁이 이루어졌습니다."(사도 24,1). 언뜻 보면 법률가로서 상당히 우아하게 연설을 시작한 것 같지만, 여기에는 신앙적 모순이 담겨 있습니다. 큰 평화를 누리고 있다고 하지만, 사실 로마가 주는 평화는 폭력과 전쟁에 따른 것으로 하느님의 뜻에 반하는 것입니다. 더구나 유다인들은 로마 제국 앞에서 평화보다는 공포와 위협을 느끼며 살아야 했습니다. 또 로마 총독이 하는 개혁이란 결국 이스라엘 지역을 로마화하는 것으로 오히려 율법을 지킬 수 없게 하는 것입니다. 따라서 테르틸로스의 이러한 발언은 자신의 종교적인 신념까지 저버리며 총독에 아첨하는 것에 불과합니다.

반면 바오로는 이러한 아첨 없이 간결한 인사말로 변호를 시작합니다. 그리고 고발당한 두 가지 부분에 대해 명확하게 논증합니다. 선동죄에 관해서는 자신이 예루살렘에 올라온 기간이 겨우 열이틀도 되지 않았고, 이 짧은 기간 동안 예루살렘의 그 어느 곳에서도 논쟁하거나 소요를 일으키지 않았음을 상기시킵니다. 성전 모독죄 역시 마찬가지입니다. 바오로는 자신이 성전에 들어간 것은 나지르인으로서 정결 예식을 합당하게 거행하고 하느님께 제물을 바치기 위한 것이라고 말합니다. 바오로는 두 변론에 덧붙여 자신이 고발당한 진짜 이유를 부활에 대한 가르침 때문이라고 밝힙니다. 그리고 이 가르침은 정통 유다교인들인 바리사이들의 것과 다르지 않다고 논증합니다.

세속 법정 앞에서 자신의 믿음을 저버린 유다인 법률가와 복음을 선포하는 바오로, 이 두 사람의 발언을 들은 펠릭스는 공판을 연기합니다. 그리고 그 세월이 두 해나 지나게 됩니다.

바오로가 황제에게 상소한 이유

펠릭스의 후임으로 총독이 된 페스투스는 바오로에게 예루살렘에서 재판받기를 원하는지를 묻습니다. 그러나 바오로는 황제에게 상소하였고 결국 로마 호송이 결정됩니다. 그런데 마침 이스라엘 지역의 일부를 통치하는 아그리파스 임금과 그의 누이동생인 베르니케가 새 총독을 예방하는 일이 있었습니다.

가말리엘상, 성 니코데모 성당 박물관, 프랑스.

그리고 이 두 사람 앞에서 바오로가 자신을 변론할 기회를 얻었는데, 그때 바오로는 이미 두 차례나 소개된(참조: 사도 9,1-19; 22,1-21) 다마스쿠스 회심 사건을 다시금 언급합니다. 이야기를 들은 임금과 총독과 베르니케와 그 밖의 사람들은 "저 사람은 사형을 받거나 투옥될 만한 일은 하지 않는군요."(사도 26,31)라고 반응합니다. 곧 황제에게 상소하지 않았다면 풀려날 수 있었던 것입니다.

바로 여기서 우리는 바오로가 황제에게 상소한 이유를 알 수 있습니다. 바오로는 자신이 무죄라는 사실을 잘 알고 있었지만 당시에 세계 중심이라고 할 수 있는 로마에까지 가서 복음을 전하기 위해서는 황제에게 하는 상소가 필요하다고 여긴 것입니다. 그는 이미 예루살렘에서 카이사리아로 호송될 때 이것이 하느님의 뜻임을 알았습니다(사도 23,11 참조).

그렇기 때문에 억울하게 범죄자 취급을 당하는 자기 신세를 두고 한탄하거나 하느님께 원망하는 것이 아니라, 오히려 그것을 사도 자신의 계획(사도 19,21 참조)과 하느님의 섭리(사도 27,24 참조)를 실현할 수 있는 도구로 삼았던 것입니다.

묵상

1. 바오로는 아무런 죄를 짓지 않았지만 여러 차례 감옥에 갇혀 지내야만 하였습니다. 필리피에서는 무속 신앙으로 돈벌이하던 여자의 선동으로 말미암아(사도 16,19 참조), 에페소에서도 비슷한 이유로 감옥에 갇혔습니다(참조: 필리 1,17; 필레 1,9). 또 예루살렘과 카이사리아에서는 유다인들의 증오심을 사서 감옥에 갇혀야만 하였습니다. 이는 베드로도 마찬가지입니다(사도 5,18 참조). 생각해 보면 신앙의 증인 가운데 많은 이들이 감옥살이를 겪었습니다. 한국 교회의 선조들 역시 신앙을 지키다가 감옥에 갇히는 일이 허다하였고, 독재 정권에서 정의를 외치다가 투옥되는 이들도 많습니다. 사실 이들의 경험은 모두 예수 그리스도에게서 비롯되었습니다. 그분께서도 공생활 끝에 체포되시어 감옥에 갇히셨던 것입니다. 이처럼 신앙을 지키다 보면 때로는 사회나 국가로부터 '범죄자' 취급을 받게 됩니다. 우리 주변에 이러한 사례는 없는지, 혹은 '내'가 생각하는 '감옥의 영성'은 무엇인지 떠올려 봅시다.

2. 펠릭스 총독과 테르틸로스는 자신의 신념도 없이 타협하는 모습을 보입니다. 우선 펠릭스 총독은 유다인들로부터 환심을 사기 위해 바오로를 가둔 채 내버려 두면서도 바오로에게서 뇌물을 받기만 하면 풀어 주려는 마음도 갖습니다. 곧 법에 비추어 죄의 유무를 결정짓는 것이 아니라 유다인이든, 바오로든 자기에게 이익이 되는 방향이면 타협하고 말겠다는 심산입니다. 테르틸로스도 마찬가지입니다. 그는 바오로에게 죄를 뒤집어씌우기 위해 자신의 종교적인 신념까지 저버리며 총독에게 아첨합니다. 시편 1편에서 노래하듯 시냇가에 심겨진 나무는 그 뿌리가 깊기에 어떤 상황이든지 자신의 중심을 잡지만, 바람에 흩어지는 겨는 뿌리가 없기에 바람에 따라 좌지우지될 뿐입니다. 이러한 면에서 바오로는 하느님의 뜻을 자신의 뿌리로 삼았기에 그 어떤 것과도 타협하지 않고 감옥 생활의 고초도 참아 가며 로마 호송의 뜻을 밝힐 수 있었습니다. 그렇다면 우리 각자의 신념을 지켜 주는 뿌리는 무엇이라고 생각하나요? 그 뿌리로 말미암아 세상의 유혹과 타협하지 않았던 경험은 없었는지요?

3. 바오로는 억울하게 범죄자 취급을 당하면서도 한탄하거나 하느님께 원망하지 않고 오히려 자신의 신세를 하느님의 뜻을 실현하는 도구로 삼았습니다. 이와 비슷한 경험을 떠올려 봅시다.

총독 앞에 선 바오로 사도(부분, 루카스 스티퍼거)

제13과

사도 27,1-28,31

로마로 호송된 바오로

끝없는 사랑, © 전미숙, 2020년, 대한민국.

● 말씀: 사도 28,17-31

28 **17**사흘 뒤에 바오로는 그곳 (로마에 사는) 유다인들의 지도자들
을 불러 모았다. 그들이 모이자 바오로가 말하였다. "형제 여러분,
나는 우리 백성이나 조상 전래의 관습을 거스르는 일을 하나도 하지
않았는데도, 예루살렘에서 죄수가 되어 로마인들의 손에 넘겨졌습
니다. **18**로마인들은 나를 신문하고 나서 사형에 처할 만한 아무런
근거가 없으므로 나를 풀어 주려고 하였습니다. **19**그러나 유다인들
이 반대하는 바람에, 나는 내 민족을 고발할 뜻이 없는데도 하는 수
없이 황제에게 상소하였습니다. **20**그래서 여러분을 뵙고 이야기하
려고 오시라고 청하였습니다. 나는 이스라엘의 희망 때문에 이렇게
사슬에 묶여 있습니다." **21**그러자 그들이 바오로에게 말하였다. "우
리는 유다로부터 당신에 관한 편지를 받은 일도 없고, 형제들 가운
데 누가 와서 당신에게 불리한 보고나 이야기를 한 일도 없습니다.
22그러나 이 분파가 어디에서나 반대를 받는다는 것을 알기 때문
에, 우리는 당신의 생각을 직접 듣고 싶습니다." **23**그들은 바오로
와 날짜를 정해 두었다가, 많은 사람을 데리고 바오로의 숙소로 찾
아왔다. 바오로는 아침부터 저녁까지 그들에게 설명을 하면서, 하
느님의 나라를 증언하고 모세의 율법과 예언서들을 들어 예수님에
관하여 그들을 설득하였다. **24** 그러자 어떤 이들은 바오로의 말을

받아들이고 어떤 이들은 믿지 않았다. **25**그들이 이렇게 서로 의견
을 달리한 채 떠나려고 할 때에 바오로가 한마디 덧붙였다. "성령께
서 이사야 예언자를 통하여 여러분의 조상들에게 하신 말씀이 지당
합니다. **26**곧 이 말씀입니다. '너는 저 백성에게 가서 말하여라. '너
희는 듣고 또 들어도 깨닫지 못하고 보고 또 보아도 알아보지 못하
리라.' **27**저 백성이 마음은 무디고 귀로는 제대로 듣지 못하며 눈은
감았기 때문이다. 이는 그들이 눈으로 보고 귀로 듣고 마음으로 깨
닫고서는 돌아와 내가 그들을 고쳐 주는 일이 없게 하려는 것이다.'
28그러므로 여러분은 하느님의 이 구원이 다른 민족들에게 보내졌
다는 것을 알아야 합니다. 그들은 들을 것입니다." **29. 30**바오로는
자기의 셋집에서 만 이 년 동안 지내며, 자기를 찾아 오는 모든 사람
을 맞아들였다. **31**그는 아무 방해도 받지 않고 아주 담대히 하느님
의 나라를 선포하며 주 예수 그리스도에 관하여 가르쳤다.

함께 읽을 성경: 사도 27,1-28,16;

● 이끎말

바오로와 동료들은 다른 죄인들과 함께 율리우스라는 백인대장에 의해 로마로 호송됩니다. 배를 타고 간 이 여정은 여러 면에서 많은 고초가 있었습니다. 겨울이라 항해가 어려워 항해 기간이 석 달이 넘었고 중간에 폭풍을 만나 표류하거나 배가 좌초되는 등 위험한 일도 발생하였습니다. 이렇게 길고 위험한 길이었지만 바오로는 압송당하는 죄인이면서도 뛰어난 지혜와 용기와 굳은 믿음으로써 고난의 항해를 뚫고 가는 지도자처럼 이 여정을 이끌었습니다.

고난의 항해

배가 크레타섬의 라새아시에서 가까운 '좋은 항구들'에 닿았을 때의 일입니다. 바오로는 때가 겨울이라 항해가 위험하다는 것을 예감하고 백인대장과 선원들에게 항해를 만류하였습니다. 그러나 백인대장은 바오로의 말을 듣지 않고 출항하였는데, 얼마 되지 않아 폭풍에 휘말려 들었습니다.

여러 날 동안 폭풍에 시달려 모두 살아날 희망도 포기한 채 식욕마저 잃어버렸을 때, 바오로가 하느님의 천사가 전해 준 말로 배 안에 있는 이들을 격려하며 용기를 북돋웁니다. 그렇게 격한 풍랑 속에 떠밀려 다닌 지 열나흘째 밤이 되었을 때에 선원들은 배가 육지에 다가간다는 느낌을 받습니다. 그러나 선원들은 보조선을 타고 도망치려 합니다.

로마 여행(60년 가을-61년 초)

1. 바오로와 그를 감시하는 부대원들과 그의 동료는 아드라미티움 배를 타고 카이사리아를 떠난다(사도 27,2).
2. 그들은 시돈에 닿는다(사도 27,3).
3. 바람을 피해 키프로스섬을 돌아 항해한다(사도 27,4).
4. 미라에서 그들은 곡물을 실은, 이탈리아로 가는 알렉산드리아 배로 갈아탄다(사도 27,6).
5. 크니도스에서 맞바람을 만나 더는 선착장에 다가가지 못한다(사도 27,7).
6. 그들은 바람을 피해 살모네 쪽을 향하여 간신히 크레타섬 연안을 따라간다(사도 27,7. 151쪽 위 상자 지도 참조).
7. '좋은 항구들'이라는 곳에 닿는다. 때는 늦가을이고 항해는 위험천만하다(사도 27,8-9).
8. 겨울나기에 적합한 장소를 찾고자 페닉스를 향해 간다(사도 27,12). 그러나 크레타 쪽에서 몰아치는 북동풍을 만난다(사도 27,13-15).

9. 그들은 카우다라는 작은 섬을 지날 때 보조선을 만나 밧줄을 이용하여 보조선에 본선을 꽁꽁 동여맨다(사도 27,16-17).

10. 그들은 뱃짐을 바다에 내던지고, 속수무책으로 폭풍에 그저 떠밀려 다닌다(사도 27,18-20).

11. 이 주 동안 떠밀려 다니고 나서야 배는 몰타섬에 좌초한다. 그곳에서 석 달가량 지낸다(사도 27,21-28,10).

12. 그들은 로마로 가는 알렉산드리아 배를 타고 떠난다(사도 28,11).

13. 시라쿠사에 상륙하여 사흘 동안 머무른다(사도 28,12).

14. 레기움에 닿았다가 푸테올리에 이른다. 바오로는 푸테올리에서 형제들을 만나 이레 동안 머문다(사도 28,13-14).

15. 아피우스 광장과 아피아 거리에 있는 트레스 타베르내에서 형제들을 만난다(사도 28,15).

16. 바오로는 로마에 도착하자마자 가택 연금 된다(사도 28,16).

이를 눈치챈 바오로가 백인대장에게 보조선 밧줄을 끊으라고 채근하면서 사람들에게는 음식을 들라고 권유하며 짧게 연설하였습니다. 그런 와중에 배는 육지에 닿기도 전에 모래 언덕에 좌초하고 맙니다. 이에 군사들은 죄수들이 도망갈까 두려워 모두 죽이기로 계획합니다. 그러자 이번에는 백인대장이 나서서 군사들이 죄수들을 해치지 못하도록 막았습니다. 그가 이렇게 행동한 것은 만일 군사들이 죄수들 모두를 죽인다면 바오로마저도 죽을 수 있다는 염려에서 온 것입니다. 이렇게 바오로를 살리기 위해 필사적으로 노력한 백인대장은 헤엄칠 수 있는 이들은 먼저 뛰어내리고 나머지 사람들은 널빤지나 배 조각을 타고 가게 하였습니다. 이렇게 하여 바오로 덕분에 배에 탔던 이백칠십육 명은 한 사람도 빠짐없이 무사히 뭍으로 나올 수 있었습니다.

선원들이 배를 떠나지 못하게 한 바오로 사도, 작자 미상, 1873년, 창세기에서 묵시록까지 성경 이야기.

삼백 명에 가까운 이들이 한 배를 타고 갔으니 배의 규모는 상당히 컸고, 바오로는 이 배에서 죄인 가운데 한 사람일 뿐이었습니다. 그러나 그는 하느님의 천사가 “바오로야, 두려워하지 마라. 너는 황제 앞에 서야 한다.

그리고 하느님께서는 너와 함께 항해하는 모든 사람도 너에게 맡기셨다."(사도 27,24)라고 한 말을 믿었습니다. 그리하여 위험과 공포가 가득한 바닷길을 뚫어야 했던 그 배에서 백인대장을 도우며 중심 역할을 합니다.

이상한 결말

우여곡절 끝에 로마에 도착한 바오로는 군사 한 사람이 지키는 가운데 가택 연금된 채 생활하게 됩니다(61-63년경). 그런데 루카 복음사가는 바오로의 로마 생활에 대해서 다음과 같이 묘사한 뒤에 사도행전을 마무리합니다. "바오로는 자기의 셋집에서 만 이 년 동안 지내며, 자기를 찾아오는 모든 사

로마에서의 바오로 사도, 1900년대 초, 성경 카드.

람을 맞아들였다. 그는 아무 방해도 받지 않고 아주 담대히 하느님의 나라를 선포하며 주 예수 그리스도에 관하여 가르쳤다."(사도 28,30-31).

분명히 루카는 바오로가 이 년간의 가택 연금 뒤에 어떤 삶을 살다가 어떻게 순교하였는지를 알았을 터인데도, 이에 대해서는 아무런 언급을 하지 않습니다. 또 황제의 법정에서 어떤 판결을 받았는지도 알려 주지 않습니다. 이렇게 석연치 않은 결말을 두고 학자들은 여러 추정을 하였습니다.

첫째, 루카가 갑자기 병이 들었거나, 더 이상의 책을 집필할 양피지가 부족하여 엉성하게 끝맺음을 하였을 것이라고 합니다. 둘째, 자신의 두 번째 책인 사도행전 이후에 바오로의 본격적인 로마 선교에 대해서는 세 번째 책에서 다루려고 하였으나 그 뜻을 이루지 못하였을 것이라고 합니다. 그러나 이 두 가지 의견은 루카 복음사가의 집필 의도를 잘 모르고 제시한 가설일 뿐입니다.

대부분의 학자들은 사도행전의 이상한 결말에 대해 이렇게 말합니다. 사도행전은 애당초 바오로의 일대기를 다루고자 한 것이 아닙니다. 열두 사도, 일곱 봉사자, 다섯 선교사, 그리고 그 뒤에 이어질 수많은 증인들이 예수님에 대해 땅끝까지 증언하는 과정을 말하고 싶어 하였습니다. 앞서 둘러보기에서도 살펴보았듯이 예루살렘이 구원 사건의 중심지라면 로마는 예수 그리스도와는 가장 거리가 먼 '땅끝'이라고 말할 수 있습니다. 이런 면에서 사도행전은 바오로가 예수님의 명령(사도 1,8 참조)에 따라 땅끝에 이르러 자유롭고 담대하게 증언 활동을 하고 있는 것으로 마무리를 하는 것입니다.

바오로의 말년(예루살렘 마지막 방문 이후)

사건	성경 구절	추정 연월
체포되던 해의 오순절		58년 5월
성전에서 체포당함	"그 이레가 거의 끝날 무렵."(사도 21,27)	58년 6월 초
최고 의회 앞에 섬	"이튿날……."(사도 22,30)	
안티파트리스로 끌려감	"날이 밝자……."(사도 23,12)	
	"바오로를 넘겨받아 밤에 안티파트리스로 데려갔다."(사도 23,31)	
카이사리아로 끌려감	"이튿날……."(사도 23,32-33)	
펠릭스에게 소송이 제기됨	"닷새 뒤에……."(사도 24,1)	
카이사리아에서 미결수로 옥고를 치름	"두 해가 지난 뒤에…… 그때까지 펠릭스는 유다인들에게 환심을 사려고 바오로를 가둔 채 내버려 두었다."	58년 6월-60년 6월
페스투스 앞에서 로마 시민권 발동	페스투스가 유다에 부임한 지 이 주쯤 지난 뒤(사도 25,1.6).	60년 6월
아그리파스 앞에 섬	황제에게 상소하고 며칠이 지난 뒤, 아그리파스 임금과 페스투스는 "여러 날을" 지낸다(사도 25,13-14).	60년 6월
로마로 호송 시작	"우리가 배를 타고 이탈리아에 가기로 결정되자……."(사도 27,1)	60년 8월 중순
미라에 이름	사도행전에는 나타나지 않지만, 실제로는 이 주쯤 걸렸다. 이는 이 여행과 관련한 고대 기록과 일치한다.	60년 9월 초
좋은 항구들에 이름	"우리는 여러 날 동안 느리게 항해하여 간신히 크니도스 앞까지 다다랐다. …… 많은 시일이 흘러 단식일도 이미 지났다."(사도 27,7-9)	60년 9월 말
몰타에서 난파	"우리가 아드리아 바다에서 떠밀려 다닌 지 열나흘째 밤이 되었을 때였다."(사도 27,27)	60년 10월 말
몰타에서	"석 달 뒤에."(사도 28,11)	60년 11월 말-61년 1월
로마로 호송 계속	"우리는 그 섬에서 겨울을 난 알렉산드리아 배를 타고 떠났다."(사도 28,11)	61년 2월 초
시라쿠사에 상륙	"우리는 시라쿠사에 상륙하여 사흘을 머물렀다가."(사도 28,12)	61년 2월
푸테올리에 도착	"그곳에서 다시 닻을 올려 레기움에 닿았다. 하루 뒤에 남풍이 불어 우리는 이틀 만에 푸테올리에 이르러."(사도 28,14)	61년 2월 중순
푸테올리에서	"형제들을 만났는데, …… 이레 동안 그곳에 머물렀다. 그렇게 하여 우리는 로마에 도착하였다."(사도 28,14)	61년 2월 중순-말
로마에 도착함	푸테올리는 로마에서 205킬로미터쯤 떨어져 있다. 걸어서 일주일 정도 걸린다.	61년 2월 중순-말
사도행전 끝 (로마에서 가택 연금 상태)	"바오로는 자기의 셋집에서 만 이 년 동안 지내며."(사도 28,30)	61년-63년
로마에서 순교함	전통적 견해에 따르면, 바오로는 64년 이후 네로 황제의 박해 때 순교했다고 한다.	67년(?)

● 묵상

1. 바오로는 죄수 신세였지만 고난의 항해 속에서 위기에 처한 배에서 중심 역할을 하였습니다. 이러한 바오로의 모습은 오늘날 교회가 어떤 태도로 세상을 대해야 하는지를 보여 줍니다. 교회는 세상의 일부로만 남는 것이 아니라, 그 중심이 되어 고난의 항해와도 같은 인류의 역사를 하느님의 뜻에 비추어 이끌어 가야 합니다. 앞으로 교회가 세상 속에서 이런 역할을 하기 위해 필요한 것은 무엇일까요?

2. 루카 복음사가는 '예루살렘'을 예수님의 죽음과 부활로 성취된 구원의 중심지로 묘사하며 그곳에서부터 평화의 복음이 전해지고 있음을 그려 냅니다. 반면 '로마'는 세상의 권력이 우뚝 서 있는 곳으로서 구원의 중심지에서 가장 먼 '땅끝'으로 묘사합니다. 그렇다면 '나'의 삶에서의 '예루살렘'은 어디이며, '로마'는 어디인지 생각해 봅시다.

3. 사도행전은 바오로가 로마에서 가택 연금된 채 지냈던 것으로 결말을 맺습니다. 그러나 우리는 몇몇 문헌을 통하여 그 이후 바오로가 어떻게 살았는지를 추정할 수 있습니다. 로마 주교 클레멘스가 95년경 코린토 교회에 보낸 편지를 보면 바오로는 스페인에 가서 선교하였다고 합니다. 아닌 게 아니라 바오로 스스로 자신의 서간에서 스페인에 가서 선교하려는 원의

가 있음을 밝혔습니다(로마 15,24-28 참조). 따라서 학자들은 바오로가 로마에서 가택 연금을 몇 년간 한 후에 스페인에서 선교하였을 가능성이 크다고 봅니다. 그리고 바오로는 이후 로마에 돌아와 순교합니다. 64년 7월 네로 황제가 로마 시내에 화재를 불러일으키고 난 뒤에 여론이 사나워지자 이를 그리스도인들에게 뒤집어씌우며 4년간 박해하였습니다. 이때 바오로는 베드로와 함께 순교하였을 것이라는 게 대다수 학자들의 의견입니다. 로마 가택 연금 이후의 바오로가 살았던 삶의 궤적을 바라보며 우리의 남은 삶은 어떻게 펼쳐지기를 소망하는지 각자 상상해 봅시다.

4. 사도행전을 공부하며 가장 와닿았던 몇 가지 부분을 정리합시다.

성 바오로(루카스 크라나흐 2세)

개정

지혜 여정 사도행전

교회 인가 2021년 7월 1일 | **1판 1쇄** 2022년 2월 22일 | **2판 1쇄** 2025년 8월 14일 | **2판 2쇄** 2026년 2월 24일
글쓴이 한재호 | **펴낸이** 김사비나 | **펴낸곳** 생활성서사 | **등록** 제78호(1983. 4. 13.)
주소 서울특별시 강북구 덕릉로42길 57-4 | **편집** 02)945-5984 | **영업** 02)945-5987 | **팩스** 02)945-5988
온라인 신한은행 980-03-000121 재) 까리따스수녀회 생활성서사 | **ISBN** 978-89-8481-701-2 03230
책값은 뒤표지에 있습니다.